目次　　　　　　　　　　　　　　　　Table des matières

JN123678

文法メモ　*Mémos grammaticaux*

Leçon 1

フランス語の基本
Variations de base du français

→ 教科書 pp.12 – 15

■ 発音のメモ　Prononciation

1.フランス語の母音は日本語よりも数が多く、a, à [ɑ/a] i, î, y [i]　u, û [y]　e[ɛ/e/ə/無音]　o, ô [ɔ/o] 以外に、ou [u] や eu, œu [œ/ø]、それに鼻母音 [ɛ̃] [ɑ̃] [ɔ̃] などがあります。また、h はふつう発音されないので、hで始まる語は次の母音から始まるものとして扱われます。（ただし有音のhの場合は例外。）

2. アンシェヌマン、リエゾン、エリジョンの違い

・アンシェヌマン：　une⌢amie [ynami]　（2つの語をつなげて読む）

・リエゾン：　vous‿êtes [vu(z) ɛt]　（2語をつなげて読むが、その際、新しい音、この例では[z]の音が出てくる）

・エリジョン：Il ne est pas ⇒ Il n'est pas　（neのeが消えて脱落記号のアポストロフィが付く）

■ ポイント1 のメモ　Mémos Point 1 :
【主語人称代名詞、男性形と女性形、単数と複数（名詞）、動詞 être】

1. フランス語では人称に応じて動詞が変化します。これを動詞の活用と呼んでいます。また活用されていない動詞の形は不定法と言います。

2. 動詞は活用の仕方から規則動詞と不規則動詞に大別されます。さらに規則動詞は第1群規則動詞（-er 動詞）と 第2群規則動詞（-ir 動詞）に分けられ、どちらもほぼ規則的に活用されます。一方、être のような不規則動詞の場合はそれぞれの活用を覚える必要があります。

3. il, elle, ils, elles は人も事物も指すことができます。

4. 名詞は男性名詞か女性名詞かのいずれかに決められています。同じ「学生」を言い表す場合にも、男子学生は étudiant（男性名詞）、女子学生は étudiante（女性名詞）が用いられます。また一般に複数形は語尾に s がつきます。但し、語末が「-s, -x, -z」で終わる名詞は単複同形となります。（例：français → français）

また、以下のような例外もありますので注意しましょ

う。

①語末が -eau, -au, -eu で終わる名詞

→「単数形 + x」 (cheveu →　cheveux)

②語末が -al で終わる名詞

→「-aux」 (animal → animaux)

③語末が -ail で終わる名詞

→「-aux」となる単語があります。(travail → trava

④語末が -ou で終わる名詞

→「-oux」となる単語があります。(chou → choux

⑤単数と複数で形が異なる名詞

monsieur　→　messieurs / madame　→　mesdar mademoiselle → mesdemoiselles / œil → yeux

5. 形容詞は、修飾する名詞の性別と数に応じて形
化します。一般的に、男性単数形が基本の形で、女
数形として用いるには e を、男性複数形には s を、
性複数形には es をそれぞれ語尾に付け加えます。
的な変化をする単語もありますが、詳しくはレッス
のポイント 2 で学習します。

6. ふつう、フランス語の名詞は冠詞とともに用い
ますが、その名詞が職業、身分、国籍などを表わす
は例外的に冠詞が付きません。

■ ポイント1：もっと詳しく...

1. 不定代名詞 on は「一般的な人」を指すほか、さ
まな人称に代わって用いられます。特に日常会話で
nous「私たち」の代わりに on がよく用いられます。
を用いる場合の動詞の活用はil, elle と同じ3人称単
となります。

Ex. 辞書を引いて次の文の意味を考えてみましょう。
On y va ?　　　　　　　　（→ 解答は21ページ）

■ ポイント2 のメモ Mémos Point 2 :
【否定形】

1. フランス語の否定文は動詞を ne と pas ではさ
ます。ne の後に発音が母音で始まる動詞が来る場合
エリジョン（母音省略）が起きて n' となります。

2. 否定の表現には ne... pas の他にいくつかのヴァ
エーションがあります。たとえば ne... plus「もう /
れ以上 ... ない」、ne... jamais「けっして ... ない」、n
rien 「何ひとつ ... ない」などを用いると、ニュアン

なる否定の表現が可能になります。

ポイント2：もっと詳しく...

否定の表現にはこのほかに次のようなものもありま

.. ni... ni...　「〜も、〜も、〜ではない」
.. personne　「誰一人〜ない」
.. guère　「めったに〜ない」
.. point　「一つも〜ない」
.. que (qu')　「（que（qu'）の後に示されているもの）
かない」

辞書を引いて次の文の意味を考えてみましょう。

omme n'est qu'un roseau.　　（→ 解答は 21 ページ）

eçon 2

則動詞の活用と疑問文の形
a conjugaison des verbes réguliers et la
rme des questions

→ 教科書 pp.16 – 19

■ 発音のメモ　　Prononciation

語末の es の読み方：

くまで発音を判断する場合にかぎれば、語末のsは無
ものと考えましょう。例えば、tu habitesを例にとる
、語末のsではなく、その前にあるeを語末（語末のe
[無音]）と考えて[ty abit]と発音してください。

後ろに同じ子音が2つ続く場合の e は、[ɛ]と発音さ
ます。（elle [ɛl]）

e+子音+e：

]詞acheter (a/che/ter [aʃətɛ]) の je「私は」の時の活
]形は j'achete [aʃət] となるはずですが、実際には
achète [aʃɛt] というようにeの上にアクサン・グラーブ
が付きます。これは [ə] の音を [ɛ] と発音させるための
]示なのですが、そのように操作する理由は ete [ət]が
発音しにくいので、より発音しやすい [ɛt] に変えるた
]です。このように e＋子音＋e の場合は、しばしば è
＋子音＋e という形に変えるか、あるいは子音の後にも
うひとつ同じ子音を重ねて e＋子音・子音＋e とし、e
を[ɛ]と読ませて発音しやすくする工夫がされています。

■ ポイント1 のメモ　Mémos Point 1：
【第1群規則動詞（-er動詞）の活用】

1. フランス語の動詞の約 90%が -er 動詞だと言われ
ています。例外もありますが、活用のパターンを一つ覚
えるだけでほぼ全ての -er 動詞を活用させることがで
きます。

2. -er 動詞を活用させるには、不定法の語尾の er を主
語に応じた活用語尾に置き換えます。

3. 活用語尾「-e」「-es」「-ent」は発音しません。発音
する活用語尾（「-er」「-ons」「-ez」）と区別するための
コツは、語尾を発音しないなら活用語尾の前、発音する
なら活用語尾にアクセントをつけることです。ふつう、
完璧な発音でなくてもわかってもらえますが、この発音
は間違えると意味まで変わってしまうので注意が必要
です。J'habitais は「住んでいました」（過去）、J'habite
は「住んでいます」（現在）という意味になります。

4. 母音や h で始まる活用形は主語の語尾とのあいだ
で、エリジョン、アンシェヌマン、リエゾンなどが起こ
ります。

■ ポイント1：もっと詳しく...

1. 変則的な活用の er 動詞

発音上の理由から例外的な活用をする-er 動詞がありま
す。発音のメモのうち、e、g、c の読み方についての説
明を読めば、このような例外的活用がどうして起きるの
かを理解することができます。（e についてはブックレ
ット p.3、c については教科書 p.40、g については教科
書 p.44 参照）

acheter　　⇒　　j'achète
s'appeler　⇒　　je m'appelle
manger　　⇒　　nous mangeons
commencer ⇒　　nous commençons

2. 第2群規則動詞（-ir 動詞）の活用

-ir 動詞は-er 動詞についで数が多い規則動詞です。finir
（終わる、終わらせる）がその代表的な動詞で、以下の
ように活用します。

finir			
je	finis	nous	finissons
tu	finis	vous	finissez
il	finit	ils	finissent

3. 英語における現在形（〜する）と現在進行形（〜し
ている、be 動詞 + -ing）は、フランス語では区別せず、

両方とも直説法現在を使います。もしそれが継続中の動作であることをはっきりと示したい場合は、「être en train de＋不定法」を使います。

■ ポイント2 のメモ Mémos Point 2：
【疑問文の形と疑問副詞 où / comment / quand】

1.「はい・いいえ」「A もしくは B」という回答をする疑問文には、丁寧さの度合いによって 3 つの構文があります。

①くだけた言い方：語順は変えずに、文尾のイントネーションをあげて発音する。

②標準的な言い方：語順は変えずに、文頭に 「Est-ce que（Est-ce qu'）」をつける。

③かたい言い方：主語と動詞を倒置する。倒置した結果母音が連続する場合は、「-t-」を入れる。

2. où「どこ」、quand 「いつ」、comment「どのようにして」、combien「いくつの」などの疑問副詞を使った疑問文にも、丁寧さの度合いによって 3 つの構文があります。

①くだけた言い方：疑問詞を文末に置く場合は、主語と動詞は倒置しない。

②標準的な言い方：「疑問詞 + est-ce que（est-ce qu'）」を文頭に置く。

③かたい言い方：疑問詞を文頭に置いて、主語と動詞を倒置する。

この他に、「疑問詞 + 主語 + 動詞（Où tu habites?）」という表現もありますが、これは非常にくだけた言い方です。

■ ポイント2：もっと詳しく...

1. 単純倒置と複合倒置

「かたい言い方」の疑問文では主語と動詞を倒置します。ただし、主語と動詞をそのまま倒置できるのは主語が代名詞である場合に限られます。このような倒置の仕方を単純倒置と呼びます。

例：Il est étudiant ？　⇒　Est-il étudiant ？

これに対して主語が名詞の場合は、主語の性・数に応じた代名詞で受け直して、動詞と倒置します。もちろん代名詞が指す主語は動詞-代名詞の前に置いてあらかじめ示しておきます。これを複合倒置と呼んでいます。

例：Paul est étudiant ？　⇒　Paul est-il étudiant ？

2. 否定疑問文とその答え方

①フランス語では、よく否定疑問文を用います。以下のようなニュアンスを表現することができます。

＜ある意見に対する驚き＞

例：Tu n'aimes pas le natto ？ 納豆が好きではないのですか？

＜確認＞

例：Vous ne comprenez pas?　わからないのですね

②否定疑問文で聞かれたことに対して否定的な返事をする場合は、「non」を使います。

例：

- Tu n'aimes pas le natto ？　納豆が好きではないのですか？

- Non. (Je n'aime pas le natto.)　はい。（納豆は好きではありません。）

肯定的な返事をする場合は、普通の疑問文で聞かれたときのように「oui」と言うことはできません。代わりに「si」を使います。

例：

- Vous ne comprenez pas ？　わからないのですか？

- Si. (Je comprends.)　いいえ。（わかります）

この答え方に慣れるために、「non」や「si」の後に文全体を続けて言うようにするとよいでしょう。

例：

- Non, je n'aime pas le natto.　はい、納豆は好きではありません。

- Si, je comprends.　いいえ、わかります。

③否定疑問文で質問をする場合、「Est-ce que」で始めるのは不自然です。

(x) Est-ce que tu n'aimes pas le natto ？

(O) Tu n'aimes pas le natto ？

<u>Ex.</u> 質問に「Non.」か「Si.」で答えましょう。その後に（　）をつけて文章全体を書きましょう。

① Vous n'êtes pas japonais(e) ？

② Vous n'êtes pas marié(e) ？

（→ 解答は 21 ページ）

çon 3

問詞と年齢の言い方
s mots interrogatifs et l'âge

→ 教科書 pp.20 – 23

発音のメモ　Prononciation

語末の子音 r は多くの場合発音されるのですが、と
こは発音されないこともあります。特に - erのときは
准です。たとえば habiter [abite] のように、 - er型規
動詞の不定法の語末の r は発音されません。また名
の étranger [etrãʒe] 「外国人」などでも発音されませ
。しかし mer [mɛːr] 「海」など発音される場合もあり
す。

ポイント1 のメモ　Mémos Point 1 :
疑問代名詞 qui / que / quoi】

疑問代名詞の qui と que は文の主語を尋ねるとき
誰が / 何が ... ですか？」や、直接目的語・補語を
ねるとき「誰を / 何を ... ですか？　誰 / 何です
？」に使うことができます。

qui は次に母音で発音がはじまる語が続いてもエリジ
ンされることはありませんが、que はエリジョンを起
して qu' となります。

疑問代名詞の quoi は「何を？」と尋ねる場合のくだ
た表現です。

◀ ポイント1：もっと詳しく...

．「qui est ce qui」や「qu'est-ce que」など疑問代名詞
標準的な言い方について考えてみましょう。まず、最
切の qui / que(qu') は疑問の対象が人か事物かで使い分
けます。人ならば qui（「誰」）、事物ならば que(qu')
（「何」）というわけです。est-ce に続く qui / que(qu') は
主語について尋ねているのか（「誰が/何が」）、それとも
直接目的語や補語について尋ねているのか（「誰を/何
を」、「誰/何」）で使い分けています。したがって、qui est
ce qui は「人」について「主語」を尋ねているので「誰
が」、qu'est-ce que は「事物」について「直接目的語」
あるいは「補語」を尋ねているので、「何を/何」となり
ます。もちろん、qui est-ce que は「誰を/誰」、qu'est-ce
qui は「何が」と問うことになります。

2. quoi は前置詞を伴って「事物」について尋ねるとき

にも使われます。(à quoi / de quoi / avec quoi / etc.)

例：Vous parlez de quoi ?　あなたは何のことを話してい
るのですか？

また、前置詞を伴って「人」について尋ねるときには qui
が使われます。(à qui / de qui / avec qui / etc.)

例：Tu penses à qui ?　君は誰のことを考えているの？

Ex. (　　　　)の中に入る適切な語句を考えましょう。

Elle parle (　　　　　　　　　　) ?

— Elle parle avec son prof.　　（→ 解答は21ページ）

■ ポイント2 のメモ Mémos Point 2 :
【疑問形容詞 quel と動詞 avoir 、数字（1-69）】

1.「何の・どの＋名詞？」と尋ねるときは疑問形容詞の
quel を用います。quel を使うのは、例えて言えば、リ
ストから答えを選ぶような質問をするときです。

quelle saison 「どの季節？」（4 つの季節からの選択）、
quelle région 「どの地域？」（いくつかの地域からの選
択）、quelle heure「何時？」、quel âge「何歳？」、quel jour
/ quels jours 「何曜日」などがその例です。

2. 疑問形容詞という名称が示すとおり、quel は形容詞
なので尋ねる対象の名詞の性別に応じて変化します。ま
た数については、「どれを？」というように一つのもの
の選択を問うのか、「どれとどれを？」と複数のものの
選択を問うのかで使い分けます。

3. avoir は不規則動詞です。「持つ」という意味で使わ
れるほか、avoir besoin de「～が必要だ」のような動詞
句や、さまざまなフランス語の時制を使う上で役立つ動
詞ですから、ぜひともマスターしましょう。

■ ポイント2：もっと詳しく...

1．avoir を使った動詞句には日常的によく使う表現があ
ります。

avoir besoin de...　　「～が必要だ」
例：Tu as besoin de ce dictionnaire ?

avoir faim / soif　「空腹だ / のどが渇いている」
例：Tu as faim ?

avoir chaud / froid　「暑い / 寒い」
例：J'ai chaud / froid.

avoir raison / tort　「正しい / 誤っている」
例：Vous avez raison.

avoir peur de ...　「〜が怖い」

例：Elle a peur de l'examen.

2.　quel は「どの〜？」と尋ねる疑問詞ですが、これとよく似た疑問詞に「どの人？」とか「どの品物？」と尋ねるための疑問代名詞 lequel があります。ちょうど英語の which に当たります。尋ねたい人や品物の性別や数に応じて、男性単数名詞には lequel、女性単数には laquelle、男性複数には lesquels、女性複数には lesquelles というように使い分けます。

例：Il y a beaucoup de gâteaux dans la vitrine, lequel préfères-tu ?

ショーケースにたくさんのケーキがあるけど、どれが好き？

Ex. 次の文のフランス語訳を考えてみましょう。

あなたはペン（stylo（男性））が要りますか？

（→ 解答は 21 ページ）

Leçon 4

不定冠詞と部分冠詞
L'article indéfini et l'article partitif

→ 教科書 pp.24 – 27

■ **ポイント1 のメモ　Mémos Point 1 :**
【不定冠詞と部分冠詞】

1.　フランス語では、すべての名詞に性（男性・女性）があります。自然に性別があるものは、それにしたがいますが、本来性別のないはずの無生物にも文法上の約束として性が決められています。

2.　フランス語の冠詞には、不定冠詞と部分冠詞、そして定冠詞があります。このうちの不定冠詞は数えることができる名詞に用い、単数の男性名詞には un を、単数の女性名詞には une を用います。男性名詞も女性名詞も複数になると des を用います。

3.　部分冠詞は数えられない名詞に用いる冠詞で、男性名詞には du、女性名詞には de la が用いられます。いずれも後に母音や無音の h で始まる名詞が続くと de l' という形に変わります。

4.　不定冠詞と部分冠詞にあたるフランス語と英語・日本語の表現を大まかに比較すると、下の表のようになります。

フランス語	英語	日本語
un, une	a	1 つの
des	-	いくつかの
du, de la (de l')	some	いくらかの

■ **ポイント1：もっと詳しく...**

1.　教科書では数えることのできない名詞として、食物や飲み物などの物質名詞が多く取り上げられていますが、それ以外にも、「勇気」や「苦痛」などの抽象的な概念を表すものや、スポーツ、音楽なども数えられない名詞として扱われています。

■ **ポイント2 のメモ Mémos Point 2 :**
【否定の de、量の表現】

1.　不定冠詞と部分冠詞が否定文の中で直接目的語となっている名詞についているときは、すべて de という形に変わります。これを否定の de と呼んでいます。de に続く名詞が母音または h で始まる場合はエリジョンを起こして d' となります。

2. beaucoup de「たくさんの」や assez de「十分の」、trop de「多すぎる」の de の場合も、あとに続く名詞が母音または h で始まる場合はエリジョンを起こして d' になります。また、これらの表現は数も量も表現できるので、数えられる名詞にも数えられない名詞にも使うことができます。

■ **ポイント2：もっと詳しく...**

1. peu de と un peu de はいずれも「少量」を言う表現ですが、英語の little / few と a little / a few の関係によく似ています。英語の a にあたる不定冠詞の un がなければ、「ほとんど無い」という否定的な表現になります。一方、un が伴うと「少しならある」という肯定的な表現になります。ただし、peu de は数えられる名詞（数）にも数えられない名詞（量）にも用いることができますが、un peu de は数えられない名詞にしか使いません。数えられる名詞には quelques を使います。

Ex.　質問に対して、「peu de」「un peu」「quelques」のいずれかを使って答えましょう。

Il reste encore du café dans le pot?

（→ 解答は 21 ページ）

çon 5

冠詞

rticle défini

→ 教科書 pp.28 − 31

ポイント1 のメモ　Mémos Point 1 :

【定冠詞：特定の事物を指す場合】

定冠詞は、「あるものを特定して話す」とき (Point 1) 、あるものを「一般的な意味で話す」とき (Point 2) に います。「あるものと特定して話すとき」の使い方は、 きく 2 つのケースに分かれています。

　つしかないものについて話すときに用いる：la lune 月」、le soleil「太陽」、l'État「国家」など。

何について話しているかがはっきりと分かっている きに用いる：la gare Ueno「上野駅」のように普通名 が固有名詞に結びついている場合はもちろんですが、 題にされている名詞が文脈から明らかに特定できる 合にも使われます。例えば J'habite près de niversité.「私は大学の近くに住んでいます」と言えば、 こでの「大学」は話し手が通っている大学であると理 されます。これに対して、J'habite près d'une niversité.「私は大学の近くに住んでいます」と言った 合は、この大学は数ある大学の中の不特定の大学を指 ています。また、会話では初めて話題にのぼる名詞に 不定冠詞や部分冠詞が用いられ、それ以降は定冠詞が いられることがよくあります。これは、何について話 ているのかが話者のあいだで了解されているからで 。

」：J'achète du pain et du fromage（部分冠詞）. Le omage（定冠詞）vient de France.

パンとチーズを買います。チーズはフランス産のもので す。

. 定冠詞は母音（もしくは無音の h）で始まる名詞が につづくと、なめらかに発音できるようにエリジョン かリエゾンが起こります。

. 前置詞 à と de が定冠詞の前に置かれると、前置詞 と定冠詞のあいだで縮約が起こります。ただし、エリジ ョンを起こしている定冠詞と名詞の前では縮約は起こ りません。

ポイント1：もっと詳しく...

1. 特別な定冠詞の使い方

①大陸名、国名、地方名、山や河川や海の名前には定冠 詞が付けられます：l'Asie, la France, la Normandie, les Alpes, la Seine, l'Atlantique など。ただし、普通、町の 名前には冠詞はつきません。

②固有名詞に定冠詞複数形がつくと「〜一家」「〜一族」 を意味します。Les Dubois 「デュボワさん一家」

■ ポイント2 のメモ Mémos Point 2 :

【定冠詞：一般的な事物を指す場合】

1. あるものを「一般的な意味で話す」ときにも定冠詞 を用います。例えば Les Français aiment le fromage.「フ ランス人はチーズが好きです。」という表現では、定冠 詞はフランス人全般とチーズ全般を指しています。特 に、aimer「〜が好きだ」préférer「〜の方が好きだ」 という動詞には定冠詞がよく用いられます。「私はコー ヒーが好きです。」は J'aime le café.（定冠詞）、「私は 野球が好きです。」は J'aime le baseball.（定冠詞）とい うのがふつうです。これに対して「コーヒーを飲みま す。」は Je bois du café.（部分冠詞）、「コーヒーを一杯 飲みます。」は Je bois un café.（不定冠詞）、「私は野球 をします。」は Je fais du baseball.（部分冠詞）となり ます。

2. あるものを「一般的な意味で話す」場合、数えられ る名詞には定冠詞を複数形で使い、数えられない名詞の 場合は単数形で使います。例：la cuisine française「フ ランス料理」、la liberté「自由」、les jeunes「若者」、les Français「フランス人」など。したがって、boire「飲む」 や manger「食べる」とともに「飲み物」や「食べ物」 が部分冠詞や不定冠詞をともなって用いられている場 合には少し注意が必要です。これらの名詞を aimer「〜 が好きだ」などの後において一般的な意味で使うとき は、部分冠詞は定冠詞単数形に、不定冠詞は定冠詞複数 形にしなければなりません。

例：Je mange du fromage. / J'aime le fromage.

⇔　Je mange un croissant. / J'aime les croissants.

3. なお、J'aime les lapins. 「うさぎが好きです。」と言 った場合は、「うさぎを可愛らしいと思っている」とい う意味になります。それに対して、J'aime le lapin. 「う さぎが好きです。」と言った場合は、「うさぎを食べ物と しておいしいと思っている」という意味になります。冠 詞の選択ひとつでフランス語の意味が変わってしまう のです！

Ex. 次の文のフランス語訳を考えてみましょう。

ライオン（lion（男性））は家畜（animal（男性）domestique）ではありません。　（→ 解答は21ページ）

Leçon 6
所有形容詞と品質形容詞
Les adjectifs possessifs et les adjectifs qualificatifs

→ 教科書 pp.32 − 35

■ ポイント1 のメモ　Mémos Point 1 :
【所有形容詞】

1. フランス語の所有形容詞は名詞の性別や数に応じて形がかわります。たとえば同じ「私の〜」と言いたい場合でも、単数の男性名詞には mon、単数の女性名詞には ma、男性名詞でも女性名詞でも複数には mes を用います。ただし単数の女性名詞であっても母音や無音の h で始まる名詞の場合は、ma のかわりに mon を用います。このような例外は二人称の ton と ta や三人称の son と sa のあいだにも見られます。

2. 三人称の son、sa、ses は所有者が人でも事物でもかまいません。例：les étudiants de l'université → ses étudiants

3. 母音もしくは無音の h で始まる名詞は発音に注意しましょう。リエゾン (mon amie, mes amies) やアンシェヌマン (notre amie) が起こります。

■ ポイント2 のメモ　Mémos Point 2 :
【品質形容詞】

1. フランス語の品質形容詞はそれが修飾する名詞の性別と数に応じて変化します。この変化は名詞につけて用いる場合（限定用法）でも、être などを介して主語の属詞（英語の補語）として用いる場合（叙述用法）でも同じです。ただし C'est 〜 . の補語は常に男性単数形です。

原則的に以下のように変化します。

- 男性形 ＋e → 女性形　(grand → grande)
- 単数形 ＋s → 複数形　(grand → grands, grande → grandes)

但し、次のような例外があります。

＜男性形→女性形＞

① -e で終わる男性形 ＝ 女性形　(triste → triste)

② -en、-on で終わる男性形
→ 女性形は -ne　(bon → bonne)

③ -eux で終わる男性形
→ 女性形は -euse　(joyeux → joyeuse)

④ -er で終わる男性形
→ 女性形は -ère　(léger → légère)

⑤ -el で終わる男性形
→ 女性形は -elle　(réel → réelle)

⑥ -et で終わる男性形
→ 女性形は -ète　(complet → complète)

⑦ 例外的な形容詞：vieux / vieille, beau / belle など

＜単数形→複数形＞

① s / x で終わる単数形 ＝ 複数形　(gris → g　heureux → heureux)

② -al で終わる単数形
→ 複数形は -aux　(amical → amicaux)

③ -eau で終わる単数形
→ 複数形は -eaux　(beau → beaux)

2. ふつうフランス語の品質形容詞は名詞の後に置かますが（後置修飾）、bon (bonne)「よい・おいしい petit (petite) 「小さい」、grand (grande)「大きい」な日常的によく使われる短い形容詞には名詞の前に置れるものもあります（前置修飾）。

■ ポイント2：もっと詳しく...

1. 名詞の前に置かれる形容詞には次のようなものもります。(　) 内は女性形です。

beau (belle)「美しい」　nouveau (nouvelle) 「新しい vieux(vieille)「古い、年老いた」jeune（不変）「若い」　j (jolie)「かわいらしい」　mauvais (mauvaise)「悪い・味い」

2. beau, nouveau, vieux などの形容詞は母音や無音ので始まる男性名詞の前に置くための特別な形を持っいます。たとえば、beau を男性名詞単数の oiseau「鳥に用いるときは beau oiseau ではなく bel oiseau となます。これと同様に nouveau は nouvel、vieux は vieという形を用います。

3. 前に形容詞が置かれた複数名詞に不定冠詞 des を用いる場合は、de という形に変わります。

une belle maison「きれいな家（単数）」⇒ de belle

sons

下線の語を（　　　）の語にして書きかえてみまし
ょ。

ne nouvelle <u>voiture</u> （vélo[m]）

（→ 解答は 21 ページ）

ポイント2：練習問題

例にならって、フランス語の文を書きましょう。

ime bien les maths. → <u>C'est intéressant.</u>

ime bien le prof de maths. → <u>Il est intéressant.</u>

ime bien la prof de maths.→ <u>Elle est intéressante.</u>

J'aime bien la sociologie. （facile　簡単）

J'aime bien la prof d'anglais. (gentille　優しい)

J'aime bien Jean Dujardin. (beau　かっこいい)

J'aime beaucoup l'anglais. (utile　役に立つ)

Je n'aime pas la comptabilité. (ennuyeux　つまらな
)

Je n'aime pas beaucoup le prof de maths. (sévère
しい)

単語を入れ替えて、会話の練習をしましょう。

: Tu aimes bien les maths ?

: Oui, c'est intéressant.

: Et le prof de maths ?

: Oui. Il est gentil.

1.	les maths / intéressant 数学 / 面白い	
	le prof de maths / gentil 数学の先生 / 優しい	
2.	la sociologie / facile 社会学 / 簡単だ	

3.	la prof de sociologie / intéressante 社会学の先生 / 面白い	
	l'anglais / utile 英語 / 役に立つ	
	la prof d'anglais / sympa 英語の先生 / 感じがいい	
4.	le français / intéressant フランス語 / 面白い	
	le prof de français / pas sévère* フランス語の先生 / 厳しくない*	

* 否定形：Il n'est pas...

Leçon 7

直接目的語代名詞と間接目的語代名詞
Les pronoms COD et COI

→ 教科書 pp.36 – 39

■ ポイント1 のメモ　Mémos Point 1 ：
【直接目的語代名詞】

1. 直接目的語代名詞や間接目的語代名詞は、定冠詞、
指示形容詞、所有形容詞などをともなった名詞や固有名
詞と置き換えることができます。

2. 直接目的語代名詞や間接目的語代名詞はふつう動詞
の前に置きます。

3. me, te は母音や無音の h の前ではエリジョンして
それぞれ m', t' になります。また le と la は l' になり
ます。

4. 三人称の直接目的語代名詞 le、la、les は人でも事物
でも受けることができます。その際、もとの名詞の性別
や数に応じて le、la、les を使い分けます。ただし、事
物を表す名詞を全体でとらえて指す場合は、三人称単数
の le、la に代わって ça を用いるのが普通です。三人
称複数の les はそのまま使うことができます。

J'aime <u>la</u> natation. → (×) Je <u>l</u>'aime.　　(○) J'aime <u>ça</u>.
J'aime <u>les</u> chiens. → (○) Je <u>les</u> aime.

■ ポイント1：もっと詳しく...

1. 直接目的語に不定冠詞、部分冠詞、数詞、数量副詞
などの数量表現がついている場合は、直接目的語代名詞

9

ではなく中性代名詞の en を用います。中性代名詞の en は、Leçon 9 で詳しく学びます。ここでは次の例文を簡単に理解するだけで十分です。

例：Tu as un stylo ? - Oui, j'en ai un.

ペン持ってる？ーうん、（一本）持ってるよ。

（→ 解答は21ページ）

■ ポイント2 のメモ Mémos Point 2 :

【間接目的語代名詞】

1. 間接目的語代名詞は普通「à ＋人」を指します。

「à ＋事物」を指す場合は、間接目的語代名詞ではなく中性代名詞の y を用います。中性代名詞 y は、Leçon 9 で詳しく学びます。

ここでは次の例文を簡単に理解するだけで十分です。

例：Tu écris à ta mère? – Oui, je lui écris souvent.

お母さんに手紙を書いてる？ーうん、よく書いているよ

Tu penses à tes examens? – Oui, j'y pense.

試験のことを考えてる？ーうん、考えてるよ

2. 直接目的語代名詞と同様に me、te は母音や無音の h の前では、それぞれ m'、t' になります。

3. 間接目的語が使えない場合：

不定冠詞を伴う名詞は代名詞では置き換えられません。

Je téléphone à une prof.　→　代名詞なし

■ ポイント2：もっと詳しく…

1. 直接目的語代名詞や間接目的語代名詞はふつう動詞の前に置きますが、直説法複合過去形などの複合時制の場合は助動詞 avoir の前に、動詞の不定法が助動詞に先行されている場合は不定法の動詞の前に置きます。また肯定命令文では動詞の後ろに「 - (trait d'union) 記号」とともに置きます。次の表を参考にして下さい。

直接目的語と間接目的語の位置

	直接目的語	間接目的語
現在形	Je **le** prends.	Je **lui** téléphone.
複合過去形	Je l'ai pris.	Je **lui** ai téléphoné.
近接未来形	Je vais **le** prendre.	Je vais **lui** téléphoner.
命令形	Prends-**le** !	Téléphone-**lui** !

2. 直接目的語代名詞と間接目的語代名詞がともに の前に置かれるときは、間接目的語の人称によって りの語順に分かれます。間接目的語が一人称や二人 場合は間接目的語代名詞、直接目的語代名詞の順、目的語が三人称の場合はその逆の順になります。

Je te donne ce stylo. → Je te le donne.

Je lui donne ce stylo. → Je le lui donne.

Ex. 下線の語を代名詞にして書きかえてみましょう

Tu me prêtes ce dictionnaire ?

（→ 解答は 21 ペー

Leçon 8

強勢形代名詞・前置詞と位置の表現

Les pronoms forts, les prépositions et localisation

→ 教科書 pp.40 –

■ ポイント1 のメモ　Mémos Point 1 :

【強勢形代名詞・前置詞】

1. 強勢形人称代名詞はつぎのような場合に用います

①前置詞の後に人称をあらわす代名詞を置きたいとき

②主語や目的語を強調したいとき。

③C'est ～ の後に人称代名詞を置きたいとき。

このほか Leçon 15 で学ぶ比較級を用いた文や、Leç 16 で学ぶ肯定命令文にも用います。

2. フランス語ではさまざまな前置詞が使われます。所や時間、目的や手段などの状況や様態を表現する か、間接目的語を構成したり、動詞の不定法とともに 詞句として用いたり、他の語句と一緒になって前置詞 をつくるなど、そのはたらきはきわめて多彩です。よ 使う前置詞を下にあげてみました。

à　（場所・時間・所属など）:

à Paris / à six heures / C'est à moi.

de　（所有・種類・起点など）:

le chien de Paul / un roman de science-fiction / E vient de France.

pour　（方向・目的など）:

Nous partons pour l'Italie. / Il travaille pour sa famille.

avec　（～とともに）:

Elle habite avec ses parents.

chez　（～のところで）:

... entres chez toi à quelle heure?

■ ポイント2 のメモ　Mémos Point 2 :
【位置の表現】

場所をあらわす表現にはよく前置詞の à が用いられます。à は後に定冠詞の le, les が来ると縮約されてそれぞれ au と aux に変わります。ただし、町の名前は通常無冠詞で使われるので縮約はありません。

国名の場合は少し複雑です。男性国名の場合には au（à + le）となります。女性国名や、男性でも母音で始まる国名には à の代わりに en が用いられ、その際、冠詞は省略されます。例：en France, en Espagne 大陸名は女性名詞なので、すべて en になります。例：en Europe, en Amérique, en Asie, en Afrique, en Australie. またアメリカ合衆国など複数で扱われる国名には aux（à + les）が用いられます。

à や en 以外にも、次のような位置関係を表現する多くの前置詞や前置詞句があります。

dans「 中に 」、sur「 上に 」、sous「 下に 」、devant「 前に 」、derrière「 後ろに 」、à côté (droite, gauche) de「 ～の横（右、左）に 」、en face de「 ～の向かいに 」、au milieu de「 ～の真ん中に 」、entre ... et ... 「～と～の間に」

■ ポイント2：もっと詳しく...

東（l'est）西（l'ouest）南（le sud）北（le nord）を表す表現もよく用います。たとえば「フランスの北に」という表現は au nord de la France、「フランスの北部に」は dans le nord de la France となります。「スペインはフランスの南西にあります」と言いたいときは、l'Espagne est au sud-ouest de la France. となりますが、「ボルドーはフランスの南西部にあります」ならば、Bordeaux est dans le sud-ouest de la France. となります。

遠近の位置関係を言うときは près de... 「～の近くに」、loin de... 「～から遠くに」などの表現がよく用いられます。

Ex.（　　　　　）の中に入る適切な表現を考えてみましょう。　　　　　　　　　（→ 解答は 21 ページ）

① La Suisse est（　　　　　　　　　　　）de la France.

② Nice est（　　　　　　　　　　　）de la France.

Leçon 9

中性代名詞 en と y
Les pronoms neutres EN et Y

→ 教科書 pp.44 – 47

■ ポイント1 のメモ　Mémos Point 1 :
【中性代名詞 en】

1. 中性代名詞と呼ばれる en、y、le は、目的語人称代名詞と同様に、肯定命令文を除けばすべて動詞の前に置かれます。また否定文では動詞とともに ne.....pas で挟みます。

2. 中性代名詞 en は次のような場合に用います。

①直接目的語が不定冠詞（un / une / des）、部分冠詞（du / de la）、否定の de、数詞、数量副詞などの数量表現を伴うとき。この場合は直接目的語であっても直接目的語代名詞（le / la / les）は使われません。

②特定の動詞や形容詞に導かれる前置詞 de と名詞。

例：Je parle de mon avenir.

　　　僕は将来について話しているんだ

→ J'en parle.

　　　Je ne suis pas satisfait d'être à Paris.

　　　僕はパリにいても満足じゃない

→ Je n'en suis pas satisfait.

※ ただし en で受けることができるのは事物を示す名詞だけです。人の場合は de ＋人称代名詞強勢形を用います。

　　　Je parle de ton père.

　　　僕は君のお父さんのことを話しているんだ

→ Je parle de lui.

③de ＋場所をあらわす表現

例：Il vient de son hôtel.

　　　彼は彼のホテルから来ます

→ Il en vient.

■ ポイント1：もっと詳しく...

1. s'en aller 「～から立ち去る」などのように、特定の表現の中で en が特に意味を持たずに用いられることがあります。

Ex.下線部を代名詞にして Oui で答える文を考えましょ

う。

Tu te souviens bien <u>de ton enfance</u> ?

—　Oui, ＿＿＿＿＿＿＿＿＿＿＿＿＿＿ .

（→ 解答は21ページ）

＿＿＿＿＿＿＿＿＿＿＿＿＿＿＿＿＿＿

■ ポイント2 のメモ Mémos Point 2 :
【中性代名詞 y】

1. 中性代名詞 y は次のような場合に用いられます。

①間接目的語が à＋事物のとき。

Nous réfléchissons <u>à ce problème</u>.「私たちはこの問題をよく考えてみます」。

→　Nous <u>y</u> réfléchissons.

一方、à＋人の場合は間接目的語人称代名詞で受けるか、à＋人称代名詞強勢形を用います。

Ils pensent toujours <u>à leur fils</u>.「彼らはいつも彼らの息子のことを思っている」。

→　Ils pensent toujours <u>à lui</u>.

② à、dans、en など＋場所をあらわす名詞。

Tu vas aller <u>au cinéma</u> ce soir?「今夜映画に行きますか」

—　Oui, je vais <u>y</u> aller.

2. 中性代名詞 y を用いた慣用句には、以下の様なものがあります。

よく使われますので、覚えておきましょう。

① <u>il y a</u>

英語の「there is / there are」にあたり、「〜がある」という意味です。

② <u>y aller</u>

「そこに行く」という文字通りの意味になるときもありますが、多くの場合は「始める」「行く・出発する」という意味で使われます。

j'y vais　始めます・行きます（出発します）

vas-y　始めてください・行って下さい

allez-y　始めてください・行って下さい

■ ポイント2：もっと詳しく...

1. 中性代名詞と目的語人称代名詞とが併用されたときは、目的語人称代名詞＋y / en の語順になります。

Je vous remercie <u>de votre lettre très aimable</u>.「ご親切なお手紙をありがとうございました」。

⇒　Je vous <u>en</u> remercie.

<u>Ex.</u> 下線部を代名詞に置き換えて文を書きましょう

J'ai aperçu <u>Catherine</u> <u>au cinéma</u> hier.

→　＿＿＿＿＿＿＿＿＿＿＿＿＿＿

（→ 解答は 21 ペー

2. 中性代名詞 le は次のような場合に用いられま（この代名詞は省略されることもあります。）

①不定詞や節が直接目的語になっているとき。

Tu peux <u>venir ici demain</u>?「明日ここに来られます

—　Non, je ne <u>le</u> peux pas.

Tu sais <u>où il habite</u> ?「彼がどこに住んでいるか知ますか」　—　Oui, je <u>le</u> sais.

②形容詞や無冠詞名詞が主語の補語になっていると

Vous êtes <u>étudiant</u> ?「あなたは学生ですか」

—　Oui, je <u>le</u> suis.

Leçon 10
複合過去形
Le passé composé

→ 教科書 pp.48 –

■ ポイント1 のメモ　Mémos Point 1 :
【動詞 avoir を使った複合過去形】

1. 複合過去形は過去の出来事を事実として伝えるたの時制です。日本語で言えば、「...をした」とか「...起こった」という表現にあたります。また話題が過去出来事ではない場合にも用いられ、英語の現在完了形ように、「...すでにしてしまっている」「...したことがる」という「完了」や「経験」を言い表わすこともます。

2. ある動詞を複合過去形にするには、助動詞としavoir か être を直説法現在形で活用させ、本来の動詞は過去分詞の形に変えてその後に置きます。助動詞avoir と être のどちらを用いるかは本来の動詞によっ異なりますが、多くの動詞は助動詞に avoir を用いす。

3. 複合過去形の否定文は助動詞 avoir を ne（n'）と paではさみます。また単純倒置による疑問文は主語とavoir を倒置します。複合倒置による疑問文でも avoだけが倒置の対象となります。

不定法の語尾が―er で終わる動詞の過去分詞はすべ―é になります。不定法の語尾が―ir や―dreで終わ〔る〕動詞は多くの場合それぞれ―i、―du となりますが、〔不〕規則動詞にはavoir (eu)やprendre (pris) のように例外〔的〕形の過去分詞を持つものも多くあるので注意が必〔要〕です。

■ ポイント1：もっと詳しく...

複合過去形の動詞に déja「すでに」、toujours「いつ〔も〕」などの副詞を用いる場合は、助動詞と過去分詞の間〔に〕置きます。J'ai déjà visité la Tour Eiffel.「エッフェル〔塔〕にはもう行きましたよ」

複合過去形の過去分詞に先行して直接目的語が置か〔れ〕る場合は過去分詞と直接目的語が性数一致します。性〔数〕一致の仕方は形容詞の場合に準じます。

〔Ex〕: Tu as vu Marie ? — Oui, je l'ai vue. 「マリーに〔会〕った ?」―「うん、会ったよ」

〔: 〕Veux-tu me montrer les photos que tu as prises à 〔Ta〕hiti?「タヒチ島で撮った写真を見せてくれる?」

〔E〕x. 下線の語を代名詞にして書き換えてみましょう。

〔P〕aul m'a prêté son vélo.

_____

（→ 解答は21ページ）

_____

■ ポイント2 のメモ Mémos Point 2：
【動詞 êtreを使った複合過去形】

〔1.〕複合過去形で助動詞に être を用いる動詞は、主とし〔て〕場所の移動を表現する自動詞と代名動詞に限られま〔す〕。代名動詞については leçon 13 で学習します。

〔2.〕助動詞に être を用いた場合は、主語の性別や数に過〔去〕分詞を一致させる必要があります。過去分詞の性数変〔化〕は形容詞の性数変化に準じます。原則として主語が男〔性〕単数なら過去分詞はもとの形のまま、女性単数なら e〔を〕、男性複数なら s を、女性複数なら es をそれぞれ〔過〕去分詞の語尾に加えます。

〔3.〕avoir を助動詞に用いる場合と同様、否定文では être〔を〕 ne（n'）と pas ではさみます。また単純倒置による〔疑〕問文は主語と 助動詞êtreのみを倒置します。複合倒置〔に〕よる疑問文でも être だけが倒置の対象となります。

■ ポイント2：もっと詳しく...

1. 助動詞に être を用いる主な動詞。( )内は過去分〔

詞。

naître (né) 生まれる	⇔	mourir (mort) 死ぬ	
rester (resté) 残る	⇔	tomber (tombé) 落ちる	
aller (allé) 行く	⇔	venir (venu) 来る	
partir (parti) 出発する	⇔	arriver (arrivé) 到着する	
sortir (sorti) 出る	⇔	entrer (entré) 入る	
monter (monté) 登る	⇔	descendre (descendu) 降りる	

Ex. 次の問いに答える文の空欄を埋めましょう。

① Elle est née en quelle année ?

— _____ _____ _____ en 1980.

② A quelle heure est-ce que tu es venu ici ce matin?

— _____ _____ _____ ici à dix heures.

（→ 解答は 21 ページ）

Leçon 11

半過去形と大過去形
L'imparfait et le plus que parfait

→ 教科書 pp.52 – 55

■ ポイント1 のメモ　Mémos Point 1：
【半過去形と大過去形】

1. 半過去形は過去の出来事を状態として、あるいは継続的な行為として伝えるための時制です。日本語で言えば、「...でした」とか「...していました」という表現にあたります。また「よく...したものでした」と言うような過去の習慣的な行為を言い表すこともできます。

2. 半過去形は動詞の直説法現在形一人称複数 (nous) の活用語尾から―ons を取り除いた語幹に、半過去形の語尾を付け加えてつくります。ただし nous の活用語尾が―ons で終わらない être は例外で、特別に ét を半過去形の語幹として定めています。

3. 動詞 faire の半過去形の発音は変わっているので注意しましょう。 je faisais [fəzɛ], vous faisiez [fəzjɛ], etc.

■ ポイント1：もっと詳しく...

1.「～してしまっていた」という過去のある時点での完了を表現する大過去形は、複合過去形のように、助動詞（avoir、être）と過去分詞を組み合わせて作ります。助動詞(avoir か être) の選択や、être を助動詞としたとき

の主語・過去分詞間の性数一致などは複合過去形と同じ
です。ただ、助動詞（avoir、être）が現在形ではなく、
半過去形で用いられることが唯一の相違点です。

Ex. （　）内の動詞を適切な時制に変えましょう。

Quand je suis arrivé au cinéma hier soir, la projection
déjà (commencer).　　　　　　　（→ 解答は 21 ページ）

_____

■ ポイント2 のメモ Mémos Point 2 :
【過去の時制のまとめ】

1. すでに学んだように、基本的には、複合過去形は「〜
した」「〜が起こった」、半過去形は「〜していた」とい
う意味で用います。

ただし、複合過去形と半過去形の使い分けは、話し手が
過去の出来事をどのように捉えて表現しようとするの
かで変わってきます。過去の出来事を「過去の事実の提
示」として表現したいのなら複合過去形を、「状態・状
況の説明」としてならば半過去形を用います。J'ai fait du
piano pendant dix ans.「私は 10 年間ピアノをやりまし
た」。 Je faisais du piano il y a dix ans. 「私は 10 年前に
ピアノをやっていました」。

2. 複合過去形と半過去形の使い分けがスムーズにでき
るようになるには、たくさんのフランス語の文に触れる
必要があります。まずは典型的な文例を覚え、徐々に正
確な使い分けを学んでいきましょう。

```
┌─────────────────────────────┐
│ Leçon 12                    │
│                             │
│ 近接未来形と単純未来形       │
│ Le futur proche et le futur simple │
└─────────────────────────────┘
```

→ 教科書 pp.56 – 59

■ ポイント1 のメモ　Mémos Point 1 :
【近接未来形、単純未来形の作り方】

1.「〜しようとしている」・「するつもりだ」という意味
を表す近接未来形は、助動詞に aller を用いて現在形で
活用させ、本来の動詞は不定法のままその後に置きま
す。

2. -er型規則動詞や-ir型規則動詞の単純未来形は、動詞の
不定法に単純未来形の語尾をつけて作ります。不規則動
詞の場合は特殊な語幹になりますが、語尾は規則動詞の

場合と同じです。したがってjeのときの活用形さえ
ておけば、ほかの人称も簡単に活用させることがで
す。

3. 単純未来形の語幹には、以下の様な例外もありま

- lever　→　je lèverai
- envoyer　→　j'enverrai
- courir　→　je courrai
- attendre　→　j'attendrai
- prendre　→　je prendrai
- devoir　→　je devrai
- falloir　→　il faudra
- pouvoir　→　je pourrai
- savoir　→　je saurai
- voir　→　je verrai
- vouloir　→　je voudrai

■ ポイント1：もっと詳しく...

1.「〜しようとしていた」・「するつもりだった」な
の過去における近接未来を表現したいときは、助動詞
aller を半過去形で活用させます。

J'allais rentrer chez moi.「家に帰ろうとしていたとこ
でした。」

2. aller +動詞の不定法という形は、場合によっては近
未来形としてではなく、「〜をしに行く」という aller
来の意味で用いられることもあります。

Michel va chercher son amie à la gare. 「ミッシェル
女友達を駅に迎えに行く」。

Ex. 次の文を過去の近接未来をあらわす文に直しま
ょう。

Georges va partir pour l'Italie.

⇒

（→ 解答は21ページ

_____

■ ポイント2 のメモ Mémos Point 2 :
【近接未来形と単純未来形の使い分け】

1. 近接未来形はある未来の行為を行うまでの過程を言
い表します。Je vais faire mes devoirs ce soir. 「今晩、
宿題をするつもりです」。これに対して単純未来形は未
来の時点での行為を言い表します。例：Je ferai mes
devoirs ce soir. 「今晩は宿題をしていることでしょ

。ただしここでもやはり典型的な言い回しがありま「近接未来形と単純未来形のおおまかな使い分け」示されている文章を暗記して、言いたいことがあるとこれを参考にするのがよいでしょう。

ポイント2：もっと詳しく...

近接未来形や単純未来形のほかに、未来のある時点おける完了「～してしまっているだろう」を言い表す未来形があります。作り方は複合過去形や大過去形とじ同じで、助動詞（avoir、être）を単純未来形にして、来の動詞の過去分詞と組み合わせます。助動詞（avoir、e）の選択や、être を用いた場合に生じる主語と過去詞の性数一致など、基本的な考え方は変わりません。

. 次の文を前未来形を使って書き換えてみましょう。

(finir) son travail avant midi.

（→ 解答は 21 ページ）

eçon 13

代名動詞
es verbes pronominaux

→ 教科書 pp.60 – 63

■ ポイント1 のメモ　Mémos Point 1：
【代名動詞の作り方】

. 代名動詞は主語を目的語とする代名詞を伴って用いられる動詞を言います。その多くは主語の行為の結果が主語自身に及ぶことを言い表わす使い方で、再帰用法と呼ばれています。例えば、 je me promène.という文は私は私自身をさまよわせる (promener)」という意味から、「私は散歩をする 」という表現に用います。

2. 代名動詞の 3 人称の目的語代名詞はすべて se という代名詞が用いられます。直接目的語の le, la, les や間接目的語の lui, leur は用いられません。Il aime se promener.「彼は散歩をするのが好きです 」。また、否定形は代名詞と動詞を ne... pas ではさみます。Je ne me promène pas.「私は散歩しません」。

■ ポイント1：もっと詳しく...

1. 代名動詞には再帰用法のほかに、「お互いに～しあう」 という意味を表わす相互用法 (Ils se parlent souvent.「彼らはよく話し合います」)や、「～される」という意味の受動的用法もあります (Le français se parle au Canada.「カナダではフランス語が話されています」)。また se souvenir de...「～を覚えている」のように代名動詞としてのみ用いられる動詞もあって、このような用法を本質的用法と呼んでいます。

Ex. 次の文の代名動詞がどの用法なのか考えてみましょう。

Ils se regardent l'un l'autre.
Je me promenais dans ce parc à ce moment.
Cet ordinateur se vend très bien.

（→ 解答は21ページ）

■ ポイント2 のメモ Mémos Point 2：
【代名動詞の近接未来形と複合過去形】

1. 代名動詞の不定法は se をつけて示されますが(se promener)、実際の文中では se を主語に応じた代名詞に変えて用います。例：Je dois me lever tôt.「早く起きなければなりません」。Je vais me lever tôt demain.「あすは早く起きるつもりです」。Nous aimerions nous coucher tôt.「早く寝たいのですが」。

2. 代名動詞を複合過去形などの複合時制で用いるときの助動詞は être です。したがって主語と過去分詞はふつう性数一致をします。ただし、代名詞が間接目的語の場合は性数一致の必要はありません。例：Elle s'est lavé les mains. 「彼女は手を洗いました」。（この文の直接目的語は「手」les mains です。代名詞 s'(=se)は「私における（手）」を示す間接目的語としてみなされます。）

3. 複合時制で用いられている代名動詞の否定形は、代名詞と助動詞 être を ne... pas ではさみます。Il ne s'est pas excusé.「彼は謝りませんでした」。また、「かたい表現」の疑問形は主語と代名詞・助動詞 être を倒置します。S'est-il souvenu du rendez-vous ？「彼は約束を覚えましたか？」。

Leçon 14

関係代名詞
Les pronoms relatifs

→ 教科書 pp.64 – 67

■ ポイント1 のメモ　Mémos Point 1 :
【関係代名詞qui / que】

1. 関係代名詞はある名詞とその名詞を説明する文とを結ぶ役割を果たします。このときの名詞を先行詞、説明の文を形容詞節と呼び、形の異なる関係代名詞を用いて両者の関わり方を示しています。

2. 先行詞が形容詞節の主語となる場合は関係代名詞 qui が用いられます。これに対して先行詞が形容詞節の直接目的語になる場合は、関係代名詞 que（qu'）が用いられます。いずれの場合も先行詞は人でも事物でもかまいません。

■ ポイント1：もっと詳しく...

1. 関係代名詞が前置詞を伴って用いられるとき、先行詞が人の場合は「前置詞＋qui」、事物の場合は「前置詞＋lequel 型の関係代名詞」が用いられます。lequel 型の関係代名詞は、先行詞が男性単数名詞の場合には lequel、女性単数には laquelle、男性複数には lesquels、女性複数には lesquelles というように使い分けが必要です。

Le monsieur avec qui il parle est son prof. 「彼が話している人物は彼の先生ですよ」。

C'est l'appartement dans lequel elle habite. 「それは彼女が住んでいるマンションです」。

Ex.（　）の中に入る「前置詞＋lequel 型の関係代名詞」が何か考えてみましょう。

C'est la raison pour (　　　　) elle reste au Japon.

（→ 解答は21ページ）

■ ポイント2 のメモ Mémos Point 2 :
【関係代名詞 où, dont】

1. 先行詞が場所や時をあらわす場合は関係代名詞 où が用いられます。où は英語の when と where の両方の役割を担っていると考えてください。

2. 前置詞 de を伴う関係代名詞は dont という特別な形が用いられます。

■ ポイント2：もっと詳しく...

1. lequel 型の関係代名詞が前置詞 à を伴う場合は以ように縮約が起こります。

à lequel →　auquel / à laquelle →　à laquelle

à lesquels →　auxquels / à lesquelles →　auxquel▮

　また、前置詞 de を伴う場合は以下のようになりま▮

de lequel →　duquel　/ de laquelle →　de laquelle

de lesquels　→　desquels / de lesquelles desquelles

Ex.（　　　　　）の中に正しい関係代名詞を入れましう。

J'ai une lettre (　　　　　) je dois répon▮ promptement.

（→ 解答は 21 ペーシ▮

Leçon 15

比較級・最上級と指示形容詞
Le comparatif, le superlatif et les adjecti▮ démonstratifs

→ 教科書 pp.68 –

■ ポイント1 のメモ　Mémos Point 1 :
【比較級、指示形容詞】

1. 形容詞や副詞の比較級は plus「もっと多く」（moi▮「より少なく」、aussi「同じくらい」）と 接続詞の qu▮「～よりも」で形容詞や副詞をはさんで作ります。例▮ Il est plus grand que moi.「彼は私よりも背が高いです▮

2. 名詞の比較級も副詞や形容詞とよく似た作り方を▮ますが、「同じくらい」という表現に aussi ではな▮ autant が用いられる点と、副詞や形容詞の場合には「▮リュ」と発音されていた plus の語尾の s が発音され▮点が異なります。なお、数えられる名詞は複数形にし▮す。例：Il y a plus de travail.「より多くの仕事があり▮す」。Il y a moins de chômeur<u>s</u>.「失業者はより少な▮です」。

3. 動詞には plus、moins、autant など数量副詞の比▮級をつけて比較の表現をつくります。名詞の場合と同様▮に plus の語尾の s が発音されます。「～よりも」とい▮比較の対象をしめす接続詞としてここでも que が用い▮られます。例：Il travaille plus que moi.「彼は私よりも▮働きます」。

指示形容詞はそれが指す名詞の性数に応じて形が変
わります。また、特に遠近を表現したい場合は -ci（近
くのもの）、-là（遠くのもの）を名詞の後につけて区別
します。ce livre-ci「ここのこの本」、ce livre-là「あそ
このあの本」

ポイント1：もっと詳しく...

特殊な比較級を持つ形容詞・副詞もあります。

形容詞＞		比較級
bon (良い、美味しい)	→	meilleur
mauvais (悪い、不味い)	→	pire

副詞＞		
bien (良く、上手に)	→	mieux
beaucoup (多く)	→	plus
peu (少なく)	→	moins

ex.「Charles よりも上手に」という意味の比較級の文に
書き換えてみましょう。

Je parle bien anglais.　　　　（→ 解答は 21 ページ）

◀ ポイント2 のメモ Mémos Point 2 :
【最上級】

. 最上級は比較級で用いた plus や moins の前に定
冠詞をつけて作ります。形容詞の場合はその形容詞が修
飾する名詞の性別と数に応じて定冠詞の le、la、les を
使い分けます。形容詞以外の副詞や名詞につける定冠詞
は常に le になります。また比較の対象を示す「〜の中
で」という表現には多くの場合、前置詞の de が用いら
れます。

. すでに Leçon 6 で学んだように、フランス語の多く
の形容詞は名詞の後ろに置かれて用いられますが、その
場合の最上級は定冠詞、名詞、最上級にされた形容詞（定
冠詞＋ plus / moins ＋形容詞）という語順になります。
例：une maison confortable → la maison la plus
confortable

また、bon、beau、petit、grand などの日常的によく用
いる短い形容詞は名詞の前に置かれますが、通常その場
合の最上級は、最上級にされた形容詞（定冠詞＋ plus /
moins ＋形容詞）、名詞の語順となります。
例：une belle maison → la plus belle maison

■ ポイント2：もっと詳しく...

1. 最上級の作り方は、特殊な比較級を持つ形容詞・副
詞の場合でも同じです。

Elle est la meilleure étudiante de la classe.

2. 形容詞の最上級の語順：

形容詞には叙述用法と限定用法の 2 つの用法がありま
す。用法によって最上級をとるときの語順が以下のよう
に変わるので注意しましょう。教科書内の例では、形容
詞の叙述用法（例：Il est grand.）がとられています。

①叙述用法の場合：「Ils sont intelligents. 彼らは利口
だ。」

→ Ces étudiants sont les plus intelligents.

le la les	plus moins	＋ 形容詞

②限定用法の場合：「des étudiants intelligents　利口な
学生たち」

→ les étudiants les plus intelligents de la classe

le la les	＋ 名詞	le la les	plus moins	＋ 形容詞

3. 形容詞の限定用法の前置修飾と後置修飾：

限定用法のとき、形容詞の大部分は名詞の後ろに置かれ
ます（後置修飾）。例：un étudiant intelligent「利口な学
生」, une maison confortable「快適な家」

この場合は、最上級をとるときの語順は 1 つに限られま
す。（上記「②限定用法の場合」を参照）

例：J'ai une maison confortable. 「私は快適な家を持っ
ています。」

→ C'est la maison la plus confortable du quartier.
「この地区で一番快適な家です。」

一方、通常名詞の前に置く形容詞もあります（前置修
飾）。beau、vieux、grand などです。このような形容詞
が最上級をとるときの語順には 2 通りあります。後置修
飾の場合と同じように名詞の後に形容詞を置くこともで
きますし、名詞の前に置くこともできます。

例：J'ai une belle maison.「私はきれいな家を持っています。」

→　C'est la maison la plus belle du quartier.「この地区で一番きれいな家です。」（名詞の後）

→　C'est la plus belle maison du quartier.「この地区で一番きれいな家です。」（名詞の前）

Ex. 「家族 famille（女）の中で一番上手に」という意味の最上級の文に書き換えてみましょう。

Elle chante bien.　　　　　　（→ 解答は 21 ページ）

Leçon 16

条件法と命令法
Le conditionnel et l'impératif

→ 教科書 pp.72 – 75

■ ポイント1 のメモ　Mémos Point 1：
【条件法の作り方、条件法でよく使われる用法　①仮定②婉曲表現】

1. 条件法現在形は直説法単純未来形の語幹に直説法半過去形の語尾を付けて作ります。

2. 現実の出来事を語るための語法である直説法に対して、条件法は現実化していない出来事を語る語法です。そのため、条件法は仮定の出来事を述べる構文の中にしばしば用いられます。これを現在の反実とか、過去の反実とか呼んでいます。

3. 反実表現の構文で使われるほかに、条件法は単独で用いられ、語気を和らげたり、推測を言い表したりします。

4. 以下の2つの構文はとてもよく似ているので、混同しないようにしましょう。

①Si j'avais assez d'argent, je passerais le permis.（半過去 + 条件法）

「もし十分なお金があったら、免許を取るのになぁ。」

②Si j'ai assez d'argent, je passerai le permis.（現在 + 未来）

「もし十分なお金があったら、免許を取るだろう。」

①が仮定的な状況を表すのに対して、②は未来の現実的な可能性を表します。

英語と比較してみるのも良いでしょう。

① Si j'avais assez d'argent, je passerais le permis.
= If I had enough money, I would take the driving license.

② Si j'ai assez d'argent, je passerai le permis.
= If I have enough money, I will take the driving licen[...]

■ ポイント1：もっと詳しく...

1. 条件法過去形は、助動詞（avoir、être）を条件法[...]形で活用させ、本来の動詞の過去分詞と組み合わせ[...]ります。助動詞（avoir、être）の選択や、être を用い[...]場合の主語と過去分詞の性数一致などは、他の複合[...]の場合と同じです。

2. 現在の反実を言うための構文は Si＋半過去形、[...]法現在形ですが、過去の反実を言うためには Si＋大[...]形、条件法過去形という構文を使います。

Si j'étais libre, je partirais en vacances.「もし暇があ[...]ヴァカンスに行くことだろうに」(実際には暇がない[...]でヴァカンスには行けない。現在の反実)

Si j'avais été libre, je serais parti en vacances.「暇があ[...]たならヴァカンスに行ったことだろうに」(実際には[...]がなかったので、ヴァカンスには行けなかった。過去[...]反実)

Ex. 次の文を過去の反実をあらわす文に書き換え[...]ょう。

Si j'étais riche, j'achèterais une Rolls.

⇒　A ce moment-là, si ＿＿＿＿＿＿＿＿＿＿＿＿＿

＿＿＿＿＿＿＿＿＿＿＿＿＿＿＿＿＿＿＿＿＿＿＿.

（→ 解答は21ページ

■ ポイント2 のメモ Mémos Point 2：
【命令法の作り方、代名動詞の命令法の作り方】

1. フランス語の命令法はいくつかの例外を除いて[...]と nous と vous の直説法現在形の活用から作られ[...]3つの異なるニュアンスを表現することができます。[...]ずれの場合も主語の人称代名詞は除かれます。

① tu / vous の活用を主語の代名詞を除いて言うと、「〜しなさい」「〜して下さい」という命令の意味になり[...]す。

なお -er 型規則動詞や不規則動詞 aller の tu の活[...]語尾は -s となりますが、命令法ではこの -s は除き[...]す。

② nous の活用からは、「〜しましょう」という相手[...]

秀する表現を作ることができます。

お、これらの 3 つの命令法の表現を ne ... pas ではむとそれぞれ否定の意味の表現に変わります。例：Ne garde pas ！/ Ne regardez pas ！「見ないでくださ！」 Ne regardons pas ！「見ないようにしましょ！」

代名動詞の命令法でも主語人称代名詞を除きます。定命令文では目的語代名詞が動詞の後に置かれ、トレデュニオンで結ばれます。その際teはtoiに変えられま。nousとvousはそのまま用います。例：Lève-toi！/vez-vous！「起きてください！」Levons-nous!「起きしょう！」

相手を tu で呼ぶときは、命令法もtuの活用を使いま。相手を vous で呼ぶ時は、命令法も vous の活用をいます。尚、自分より年上の人や社会的地位が高い人tu で呼ぶ場合もありますが、そのようなときに相手への敬意や礼儀を示したいときは、声のトーンや態度で現したり、また命令法の響きを和らげる役割を持つ「s'il te plaît / s'il vous plaît」を付け加えます。

. tu の活用の命令法に代名詞が続いている場合、リエンをするためにsを加えます。

'a → vas-y

Mange → mange<u>s</u>-en

■ ポイント2：もっと詳しく...

. être（命令法：sois, soyons, soyez）や avoir（命令法：aie, ayons, ayez）などは特別な命令法の形をもつので注意しましょう。

Leçon 17

接続法
Le subjonctif

→ 教科書 pp.76 – 79

■ ポイント1 のメモ　Mémos Point 1：
【接続法の作り方】

1. 多くの動詞の接続法現在形は、直説法現在形の 3 人称複数形(ils/elles)の活用から語尾の-ent を除いたものに、接続法現在形の活用語尾（-e, -es, -e, -ions, -iez, -ent）をつけて作ります。結果として -er 型規則動詞などでは直説法の現在形や半過去形と同じ形になります。

また vouloir などのように特別な語幹を持つものや、avoir, être などのように特別な語幹と活用語尾を持つものもあるので注意が必要です。

■ ポイント1：もっと詳しく...

1. 接続法過去形は助動詞（avoir、être）の接続法現在形と本来の動詞の過去分詞を組み合わせて作ります。avoir と être のどちらを助動詞にするかの選択や、être を助動詞とした場合の主語と過去分詞の性数一致などは他の複合形態の時制の場合と同じです。

2. 接続法過去形は接続法を必要とする従属節中において、行為が完了していることを表わします。

例：Je regrette qu'elle soit partie sans dire un mot. 「私は彼女が私に一言も告げないまま出発してしまったことを残念に思っています」。

■ ポイント2 のメモ Mémos Point 2：
【接続法の使い方】

1. 接続法は話し手の主観や感情を言い表わす文中で、主に従属節の中で用いられます。この意味で、まだ現実化されていない観念を表現する語法だと言うことができます。

2. 主節が願望や疑惑、さまざまな感情を表現する場合の従属節(名詞節)の動詞は接続法になります。また Il faut que... など主節が必要を表わす表現の場合も従属節の動詞は接続法になります。

3. avant que, pour que などをはじめとする接続詞句に導かれる従属節(副詞節)の動詞は接続法になります。

4. 主節と従属節の主語が同じ場合は、例えば「Je voudrais que j'aille en France.」とは言わずに、「Je voudrais aller en France.」と言います。以下の例で確認しましょう。

Je voudrais aller en France. 「私はフランスに行きたいです」。

Je voudrais que tu ailles en France. 「私はあなたにフランスに行って欲しいです」。

■ ポイント2：もっと詳しく...

1. 関係代名詞が用いられる文で、先行詞が最上級におかれる場合などでは、形容詞節の動詞は接続法になります。

2. 従属節の動詞が接続法にされる文ではしばしば「虚

辞の ne」が用いられます。Je crains que Marie <u>ne</u> soit malade. 「マリが病気<u>ではないか</u>と心配している」。

3. 独立節で用いられる接続法は願望や命令などを表わします。

例：Vive la France!　「フランス万歳!」

Qu'il entre !　「入りたまえ！」

Ex. 下線の動詞を適切な形に書き改めて、文を書きましょう。

① Je doute qu'il <u>venir</u> à huit heures.

② C'est le meilleur restaurant que je <u>connaître</u>.

（→ 解答は 21 ページ）

Leçon 18

現在分詞・ジェロンディフと単純過去形
Le participe présent, le gérondif et le passé simple

→ 教科書 pp.80 – 83

■ ポイント1 のメモ　Mémos Point 1 :
【現在分詞とジェロンディフ】

1. 多くの場合、直説法現在一人称複数形つまり nous の活用から語尾の-ons を取り除き、代わりに-ant を付けると現在分詞になります。例外的な動詞もあるので注意しましょう。

2. フランス語の現在分詞は名詞を修飾する形容詞的役割を果たし、関係代名詞節に代わることができます。ただし主語を修飾することはできません。

J'ai vu un garçon traversant la rue. 「通りを渡る少年を私は見た」。

　　＝ J'ai vu un garçon qui traversait la rue.

3. 分詞構文として同時性、原因、条件、譲歩などを表わすことができます。またそれ自体の主語を持つ絶対分詞構文を作ることもあります。

例：Travaillant bien, tu pourras réussir à cet examen.「よく勉強すれば、君はこの試験に合格できるだろう。」

Son professeur étant sévère, il doit travailler sans cesse. 「先生が厳しいので、彼はたえず勉強しなければなりません。」

4. 現在分詞を前置詞 en とともに用いると、動詞を⋯する副詞のような役割になって、同時性、原因、条⋯譲歩、手段などを表わすことができます。このよう⋯在分詞の使い方をジェロンディフと呼び、主語は常⋯節の主語と同じです。

J'ai vu un garçon en traversant la rue. 「通りを渡っ⋯るときに、私は少年を見た」。

■ ポイント1：もっと詳しく...

1. 主文の動詞に対して完了した行為を表現するた⋯現在分詞を複合形で用いることがあります。複合形⋯avoir、être の現在分詞と本来の動詞の過去分詞で作⋯とができます。avoir、être」 の選択や、être を用⋯場合の性数変化は他の複合形態の時制の場合と同様⋯す。

例：Ayant fini mes devoirs, je sortirai avec mes am⋯「宿題をし終えたら、友達と出かけよう」。

Ex. 次の文を現在分詞を用いた文に書き改めましょ⋯

① C'est une fenêtre qui donne sur la mer.

② J'ai rencontré Marie qui avait terminé son travail.

（→ 解答は21ページ⋯

■ ポイント2 のメモ　Mémos Point 2 :
【単純過去形】

1. 歴史書や物語などの書き言葉では、事件や出来事⋯語るとき複合過去形に代わって単純過去形が使われ⋯す。

2. 活用は複雑ですが、おおむね aimer, finir, avoir, être⋯venirの単純過去形の活用タイプいずれかに準じます。

練習問題（**Ex**）の回答＞

Leçon 1

ント1：« On y va ? » → さぁ行こうか？
イント2：« L'homme n'est qu'un roseau. » → 人
は一本の葦でしかない。

Leçon 2

イント2：
Vous n'êtes pas japonais(e) ?
Si. (je suis japonais(e))
Vous n'êtes pas marié(e) ?
Non. (je ne suis pas marié(e))

Leçon 3

ント1：Elle parle (avec qui) ? — Elle parle avec
on prof.
ント2：あなたはペンが要りますか？
→ Est-ce que tu as besoin d'un stylo ?

Leçon 4

ント2：
reste encore du café dans le pot ?
— （例）Oui, il en reste encore un peu.

Leçon 5

ント2：
e lion n'est pas un animal domestique.

Leçon 6

ント2：de nouveaux vélos

Leçon 7

ント2：
Tu me prêtes ce dictionnaire ? → Tu me le prêtes ?

Leçon 8

ント2：
① La Suisse est (à l'est) de la France.
② Nice est (dans le sud) de la France.

Leçon 9

ント1：Tu te souviens bien de ton enfance ?
— Oui, je m'en souviens très bien.
ント2：J'ai aperçu Catherine au cinéma hier.
→ Je l'y ai aperçue hier.

■ Leçon 10

ポイント1：Paul m'a prêté son vélo.
→ Paul me l'a prêté.
ポイント2：
Elle est née en quelle année ? → Elle est née en 1980.
A quelle heure est-ce que tu es venu ici ce matin?
→ Je suis venu ici à dix heures.

■ Leçon 11

ポイント1 ：Quand je suis arrivé au cinéma hier soir, la
projection avait déjà commencé.

■ Leçon 12

ポイント1：Georges allait partir pour l'Italie.
ポイント2：Il aura fini son travail avant midi.

■ Leçon 13

ポイント1：
Ils se regardent l'un l'autre. → 相互用法
Je me promenais dans ce parc à ce moment.
→ 再帰用法
Cet ordinateur se vend très bien. → 受動的用法

■ Leçon 14

ポイント1：C'est la raison pour (laquelle) elle reste au
Japon.
ポイント2：J'ai une lettre (à laquelle) je dois répondre
promptement.

■ Leçon 15

ポイント1：Elle parle anglais mieux que Charles.
ポイント2：C'est elle qui chante le mieux de la famille.

■ Leçon 16

ポイント1：A ce moment-là, si j'avais été riche, j'aurais
acheté une Rolls.

■ Leçon 17

ポイント2：
① Je doute qu'il vienne à huit heures.
② C'est le meilleur restaurant que je connaisse.

■ Leçon 18

ポイント2：
① C'est une fenêtre donnant sur la mer.
② J'ai rencontré Marie ayant terminé son travail.

教科書 24 ページと 28 ページのイントロダクションの会話文をもう一度よく読んで、その中から「不定冠詞」、分冠詞」、「定冠詞」を含むフレーズを見つけて下さい。例にならって、以下にそれぞれの冠詞を含むフレーズと味を書いてみましょう。

Relisez les dialogues des pages 24 et 28. Cherchez les articles indéfinis, partitifs et définis et écrivez-les avec les noms qu'ils déterminent, puis écr leur sens.

■ 不定冠詞　Article indéfini

	単数	複数
男性形	un	des
女性形	une	

＜冠詞を含むフレーズ＞
例：des cours particuliers
1.
2.
3.
4.

＜意味＞
例：個別指導、家庭教師
1.
2.
3.
4.

■ 部分冠詞　Article partitif

	単・複の区別なし
男性形	du (d'l)
女性形	de la (d'l)

＜冠詞を含むフレーズ＞
1.
2.
3.
4.

＜意味＞
1.
2.
3.
4.

■ 定冠詞　Article défini

	単数	複数
男性形	le (l')	les
女性形	la (l')	

①一般的・抽象的な意味
＜冠詞を含むフレーズ＞
1.
2.

＜意味＞
1.
2.

②特定的な意味
＜冠詞を含むフレーズ＞
1.
2.
3.

＜意味＞
1.
2.
3.

科書 36 ページ、40 ページ、44 ページのイントロダクションの会話文をもう一度よく読んで、その中から代名詞
含むフレーズを見つけてください。例にならって、それぞれの代名詞を含むフレーズと、その代名詞に置き換え
れている名詞を書いてみましょう。

sez les dialogues des pages 36, 40 et 44. Cherchez les pronoms et écrivez-les avec les noms qu'ils remplacent.

■ 直接目的語代名詞　Les pronoms COD

私を	me (m')
あなたを	te (t')
彼を・それを	le (l')
彼女を・それを	la (l')
私達を	nous
あなたを・あなた達を	vous
彼らを・彼女らを・それらを	les

＜代名詞を含むフレーズ＞
例：Je l'ai vue

1.

2.

3.

4.

＜置き換えられている名詞＞
Audrey Tautou

1.

2.

3.

4.

■ 間接目的語代名詞　Les pronoms COI

私に	me (m')
あなたに	te (t')
彼に・彼女に・それに	lui
私達に	nous
あなたに・あなた達に	vous
彼らに・彼女らに・それらに	leur

＜代名詞を含むフレーズ＞
1.

＜置き換えられている名詞＞
1.

■ 強勢形代名詞　Les pronoms forts

私	moi
あなた	toi
彼・彼女・それ	lui / elle
私達	nous
あなた・あなた達	vous
彼ら・彼女ら・それら	eux / elles

＜代名詞を含むフレーズ＞
1.

2.

＜置き換えられている名詞＞
1.

2.

■ 中性代名詞　Les pronoms neutres

en	y

※ 中性代名詞にはこの他に「le」もあります。

＜代名詞を含むフレーズ＞
1.

2.

＜置き換えられている名詞＞
1.

2.

パノラマ 3：過去の時制　　　Panorama 3 : les temps du pass

教科書 48 ページと 52 ページのイントロダクションの会話文をもう一度よく読み、その中から「複合過去形」、「[半]
過去形」の動詞を見つけて下さい。例にならって、以下にそれぞれの「主語＋動詞」を含むフレーズを抜き出[し]
日本語訳を書いてみましょう。また、それぞれが(1)～(6)のどの用法に当てはまるかを選び、番号を書いてくださ[い]

Relisez les dialogues des pages 48 et 52. Cherchez les verbes au passé composé et à l'imparfait. Écrivez-les (sujet + verbe) ci-dessous puis éc[rivez]
leur traduction en japonais et indiquez à quel grand cas classique ils correspondent.

複合過去形と半過去形の使い分け　Grands cas d'utilisation

複合過去形　Passé composé	半過去形　Imparfait
(1) 過去の行為や起こったこと action	(5) 状況や習慣 situation ou habitude
(2) 経験 expérience	(6) 「C'était+ 形容詞」の構文によるコメント
(3) 過去のある期間にしていた行為　résumé d'une période	commentaire (C'était + adjectif)
(4) 完了 quelque chose d'achevé	

■ Passé composé 複合過去形

＜複合過去形を含むフレーズ＞	＜日本語訳＞	＜番号＞
例：tu as regardé	あなたは見た	(1)
1.		
2.		
3.		
4.		
5.		
6.		
7.		
8.		
9.		
10.		
11.		
12.		
13.		

■ Imparfait 半過去形

＜半過去形を含むフレーズ＞	＜日本語訳＞	＜番号＞
例：j'étais	私は～だった	(5)
1.		
2.		
3.		
4.		
5.		
6.		
7.		
8.		

教科書 56 ページ、60 ページ、72 ページ、76 ページのイントロダクションの会話文をもう一度よく読んで、その中から「直説法現在形」「接続法現在形」「近接未来形」「単純未来形」「複合過去形」「命令形」を含むフレーズを見つけてください。例にならってそれぞれの「主語＋動詞」のフレーズを抜き出し、日本語訳を書いてみましょう。

Lisez les dialogues des pages 56, 60, 72 et 76. Cherchez les verbes au futur proche, au futur simple, au présent de l'indicatif et au présent du subjonctif, au passé composé et à l'impératif. Écrivez-les (sujet + verbe) ci-dessous puis écrivez leur traduction en japonais.

■ Présent (indicatif)　　直説法現在形

＜フレーズ＞	＜日本語訳＞
例：j'aime	私は好きだ
1.	
2.	
3.	
4.	
5.	
6.	
7.	
8.	
9.	
10.	
11.	
12.	
13.	

■ Présent (subjonctif)　　接続法現在形

＜フレーズ＞	＜日本語訳＞
例：je me dépêche	私は急ぐ
1.	

■ Futur proche　　近接未来形

＜フレーズ＞	＜日本語訳＞
例：Tu vas réviser	君は復習するつもりだ
1.	
2.	
3.	
4.	
5.	

■ Futur simple　　単純未来形

＜フレーズ＞	＜日本語訳＞
例：Je réviserai	私は復習するだろう
1.	
2.	
3.	
4.	

■ Passé composé　　複合過去形

＜フレーズ＞	＜日本語訳＞
例：Tu t'es couchée	君は寝た
1.	
2.	
3.	

■ Impératif　　命令形

＜フレーズ＞	＜日本語訳＞
例：commence	始めてください
1.	
2.	

connaître と savoir の使い分け　　L'utilisation de « connaître » et « savoir

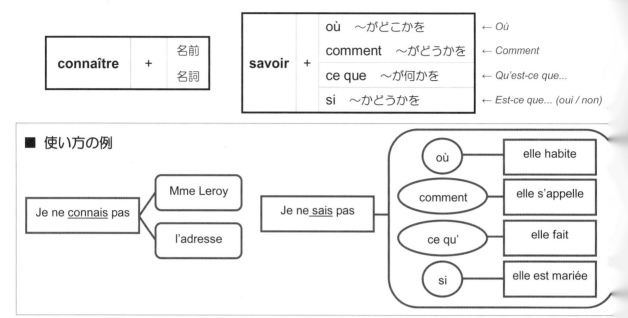

connaître	+	名前 名詞

savoir	+	où　〜がどこかを	← Où
		comment　〜がどうかを	← Comment
		ce que　〜が何かを	← Qu'est-ce que...
		si　〜かどうかを	← Est-ce que... (oui / non)

■ 使い方の例

Je ne <u>connais</u> pas → Mme Leroy / l'adresse

Je ne <u>sais</u> pas → où elle habite / comment elle s'appelle / ce qu' elle fait / si elle est mariée

<日本語訳>

・Je ne connais pas Mme Leroy.
私はルロワさんを知りません。

・Je ne connais pas l'adresse.
私は住所を知りません。

・Je ne sais pas où elle habite.
私は彼女がどこに住んでいるか知りません。

・Je ne sais pas comment elle s'appelle.
私は彼女が何という名前か知りません。

・Je ne sais pas ce qu'elle fait.
私は彼女が何をしているか知りません。

・Je ne sais pas si elle est mariée.
私は彼女が結婚しているかどうか知りません。

<解説>

フランス語には、「知っている・わかる」という意味の動詞が 2
あります。« connaître »は普通名詞か固有名詞と一緒に使い、
savoir » は où, comment, pourquoi などと一緒に使います。こ
が絶対のルールというわけではありませんが、この 2 つの動詞
を使えるようになるためのシンプルなルールとして覚えまし
う。

例 1 :- Est-ce que vous <u>savez</u> combien de temps ça prend c
Tokyo à Paris ？ （東京からパリまでどのくらいの時間がかか
か知っていますか？）

- Est-ce que vous <u>savez</u> où il habite ？ （彼がどこに住んでい
か知っていますか？）※ 語順に注意しましょう
答え：Non, je ne sais pas. （いいえ、わかりません。）

例 2: - Est-ce que vous <u>connaissez</u> Paris ？（固有名詞：パリを知
っていますか？）

- Est-ce que vous <u>connaissez</u> le chemin ？（普通名詞：道がわか
りますか？）
答え：Non, je ne le <u>connais</u> pas. （いいえ、わかりません。）

■ 練習問題 1

次の文中で、connaître と savoir のうち、適切な
方を選びましょう。

1. Est-ce que tu connais / sais　le prof de
maths ?

2. Je ne connais / sais pas où est la
bibliothèque.

3. Connaissez-vous / savez-vous si on a cours
de français, aujourd'hui ?

4. Vous connaissez / savez San Francisco ?

■ 練習問題 2

フランス語で自分のノートに書いてみましょう。

1. 彼がどうやって大学に来るかを知っていますか？
（vous／標準的な言い方）

2. ウディ・アレン（Woody Allen）を知りません。誰ですか？

3. マドリッドを知っていますか？
（vous／かたい言い方）

4. 彼女たちがどこに住んでいるか知ってる？
（tu／くだけた言い方）

曜日・月・四季の表現　Jours de la semaine, mois et saisons

曜日		■ 月				■ 四季	
曜日	lundi	1 月	janvier	8 月	août	春	le printemps
曜日	mardi	2 月	février	9 月	septembre	夏	l'été
曜日	mercredi	3 月	mars	10 月	octobre	秋	l'automne
曜日	jeudi	4 月	avril	11 月	novembre	冬	l'hiver
曜日	vendredi	5 月	mai	12 月	décembre		
曜日	samedi	6 月	juin				
曜日	dimanche	7 月	juillet				

数字　Chiffres

1～20

	zéro
1	un(e)
2	deux
3	trois
4	quatre
5	cinq
6	six
7	sept
8	huit
9	neuf
10	dix
11	onze
12	douze
13	treize
14	quatorze
15	quinze
16	seize
17	dix-sept
18	dix-huit
19	dix-neuf
20	vingt

※ 発音の注意　Prononciations particulières

	母音で始まる名詞の前に来た時 avant voyelles → リエゾンする liaison		子音で始まる名詞の前に来た時 avant consonnes → 最後の文字は発音しない On ne prononce pas la dernière lettre.
un	un‿ordinateur	[n]	
deux	deux‿heures	[z]	
trois	trios‿heures	[z]	
cinq			cin**q** minutes
six	six‿heures	[z]	si**x** minutes
huit			hui**t** minutes
neuf	neuf‿heures	[v]	
dix	dix‿heures	[z]	di**x** minutes

■ 20～

20	vingt	21	vingt-et-un	22	vingt-deux
30	trente	31	trente-et-un	32	trente-deux
40	quarante	41	quarante-et-un	42	quarante-deux
50	cinquante	51	cinquante-et-un	52	cinquante-deux
60	soixante	61	soixante-et-un	62	soixante-deux
70	soixante-dix	71	soixante-et-onze	72	soixante-douze
80	quatre-vingts	81	quatre-vingt-un	82	quatre-vingt-deux
90	quatre-vingt-dix	91	quatre-vingt-onze	92	quatre-vingt-douze
100	cent	101	cent un	102	cent deux

■ 200～

200	deux cents
1 000	mille
10 000	dix mille
100 000	cent mille
1 000 000	un million

文法事項の索引　　Index grammatical

		教科書 / 付属冊子の文法メモ	付属冊子のメモ：「もっと詳しく…」
Leçon 1 フランス語の基本	point1	主語人称代名詞、男性形と女性形、単数と複数（名詞）、動詞 être	・不定代名詞　on
	point2	否定形	・否定の表現の補足
Leçon 2 規則動詞の活用と 疑問文の形	point1	第1群規則動詞（ーer 動詞）の活用	・変則的な活用の er 動詞 ・第2群規則動詞（ーir 動詞）の活用 ・英語の現在形・現在進行形は、フラン語では区別しない。
	point2	疑問文の形と疑問副詞 où / comment / quand / combien	・単純倒置と複合倒置 ・否定疑問文とその答え方
Leçon 3 疑問詞と 年齢の言い方	point1	疑問代名詞 qui / que / quoi	・qui est ce qui などの疑問代名詞の構造 ・quoi の使い方
	point2	疑問形容詞 quel と動詞 avoir、数字 1-69	・avoir を使った動詞句 ・疑問代名詞 lequel
Leçon 4 不定冠詞と 部分冠詞	point1	不定冠詞と部分冠詞	・数えられない名詞：物質名詞と抽象名詞 ・フランス語と英語の冠詞の比較
	point2	否定の de ／ 量の表現	・数量を表す表現
Leçon 5 定冠詞	point1	定冠詞ー特定の事物を表す場合	・特別な定冠詞の使い方
	point2	定冠詞ーー般的な事物を表す場合	
Leçon 6 所有形容詞と 品質形容詞	point1	所有形容詞	
	point2	品質形容詞	・名詞の前に置かれる形容詞 ・形容詞　男性第2形 ・不定冠詞複数形 des の変形した de
Leçon 7 直接目的語代名詞 と 間接目的語代名詞	point1	直接目的語代名詞	・直接目的語代名詞に代わる中性代名詞 en
	point2	間接目的語代名詞	・目的語代名詞の位置 ・二重目的語代名詞の語順
Leçon 8 強勢形代名詞・前置 詞と位置の表現	point1	強勢形代名詞・前置詞	
	point2	位置の表現	・東西南北を用いた位置表現 ・遠近を言いあらわす表現
Leçon 9 中性代名詞 en と y	point1	中性代名詞 en	・特殊な表現中に使われる en
	point2	中性代名詞 y	・目的語代名詞と中性代名詞の語順 ・中性代名詞 le

Leçon			
on 10 過去形	point1	avoir を使った複合過去形	・複合時制と副詞の位置 ・複合時制における直接目的語と過去分詞の性数一致
	point2	être を使った複合過去形	・複合時制で助動詞に être を用いる動詞
on 11 去形と 去形	point1	半過去形と大過去形	・大過去形の作り方
	point2	過去の時制のまとめ	
on 12 接未来形と 未来形	point1	近接未来形、単純未来形の作り方	・過去における近接未来の表し方
	point2	近接未来形と単純未来形の使い分け	・前未来形の作り方
on 13 名動詞	point1	代名動詞の作り方	・代名動詞の用法
	point2	代名動詞の近接未来形と複合過去形	
çon 14 系代名詞	point1	関係代名詞 qui / que	・前置詞をともなう関係代名詞、lequel 型関係代名詞
	point2	関係代名詞 où / dont	・lequel 型関係代名詞が前置詞 à、de を伴うとき
çon 15 較級・最上級と 示形容詞	point1	比較級、指示形容詞	・特殊な比較級を持つ形容詞・副詞
	point2	最上級	・特殊な比較級を持つ形容詞・副詞の最上級 ・形容詞の最上級の語順 ・形容詞限定用法の前置修飾と後置修飾
eçon16 件法と命令法	point1	条件法の作り方、条件法でよく使われる用法　①仮定　②婉曲表現	・条件法過去形の作り方 ・「現在の反実」・「過去の反実」を表現するための構文
	point2	命令法の作り方、代名動詞の命令法の作り方	・命令法に特殊な形を持つ動詞 avoir/être
eçon 17 続法	point1	接続法の作り方	・接続法過去形の作り方
	point2	接続法の使い方	・さまざまな接続法の用法
eçon 18 在分詞と ジェロンディフ、 単純過去形	point1	現在分詞、ジェロンディフ	・「完了」を表す現在分詞の使い方
	point2	単純過去形	

単語索引（アルファベ順）
Index des mots

* このマークの動詞の活用は、動詞活用表（40 ページ〜43 ページ）に載っています。

Pour les verbes désignés par un astérisque, la conjugaison complète se trouve dans la table de conjugaison à la fin de ce livret.

単語	教科書の 新出ページ	意味
[A] ────────────		
...avoir* quel âge ?	20	〜は何歳ですか？
...avoir*...ans (mois)	20	〜は〜歳（〜カ月）です
...fois	36	[女] 〜回
..., s'il vous plaît	48	〜をお願いします / 〜をください
à	8	〜に / 〜で
À bientôt !	10	またね！
à cause de...	39	〜のために / 〜のゆえに
à côté de...	42	〜の横に
à demi-voix	83	小声で
à droite de...	42	〜の右に
à gauche de...	42	〜の左に
à l'heure	79	時間通りに
à pied	53	歩いて
à proximité	31	近くに
à quelle heure	23	何時に
à ton (mon) avis	68	君(私)の考えでは
absent(e)	44	不在の
absolument	79	絶対に
accent aigu	8	[男] アクサン・テギュ
accent circonflexe	8	[男] アクサン・シルコンフレクス
accent grave	8	[男] アクサン・グラーブ
accepter	76	許可する
acheter*	17	買う
acquérir	55	獲得する
adorer	31	〜が大好き
adulte	27	[男/女] 大人
Afghanistan	43	[男] アフガニスタン
âge	20	[男] 年齢
agréable	31	気持ちのよい (pleasant)
Ah bon	19	ああ、そう
aider	24	手伝う
aimer	17	〜が好き
aimerais bien...	24	(j'aimerais bien) できれば〜したい
air	20	[男] 空気
Allemagne	42	[女] ドイツ
allemand(e)	13	ドイツ人
aller*	28	行く
allé(e)	49	aller*の過去分詞
alors	35	じゃあ / それで
Alpes	42	[女・複] アルプス山脈
Alsace	42	[女] アルザス地方
américain(e)	13	アメリカ人
ami(e)	9	[男(女)] 友達
an	9	[男] 年 / 歳
anglais	19	[男] 英語
Angleterre	42	[女] イギリス
animal (animaux)	20	[男・(複)] 動物 / ペット
année	23	[女] 年 / 学年
août	58	[男] 8月
appartement	31	[男] マンション
appeler	61	呼ぶ
apprendre	79	学ぶ / 知る vous
appreniez	79	appreniez → apprendre
appris(e)	81	apprendre の過去分詞
après...	56	〜の後
argent	24	[男] お金
arrêter	86	止める / やめる
arriver	21	到着する
Asseyez-vous. / Assieds-toi.	75	(s'asseoir) 座ってください
assez de (d')...	26	十分の〜
astronaute	58	[男・女] 飛行士
au	29	à+le
au milieu de...	42	〜の真ん/
Au revoir !	10	さような
auberge	48	[女] 宿屋
aussi	13	〜もまた
aussi...que...	69	形容詞・較級
Australie	42	[女] オーリア
autant de...que...	69	名詞の比
auto	20	[女] 車
autre	39	ほかの
aux	29	à+les
avancé(e)	79	上級の
avant	55	以前は
avec...	9	〜と / 〜て
Avignon	66	アヴィニ名)
avoir*	22	持つ / 飼(=have)
avoir* besoin de	67	〜を必要
avoir* de la chance	26	ラッキー
ayant	81	avoir*の現
[B] ────────────		
bagnole	71	[女] 車
baleine	47	[女] クジ
banane	25	[女] バナ
baseball	53	[男] 野球
bateau	87	[男] 船
beau (belle)	9	かっこいいれい / 美し
beaucoup de (d')...	26	たくさんの
belge	15	ベルギー人
Belgique	42	[女] ベルキ
Berlin	42	ベルリン
beurre	27	[男] バター
bibliothèque	31	[女] 図書館
bien	17	よく / 上手に
bien	28	よい
bien que	78	〜だけれどもちろん
bien sûr	36	もちろん
bière	25	[女] ビール
blond(e)	35	金髪の
boire*	32	飲む

boivent	25	je bois, ils boivent → boire*	cédille	8	[女] セディーユ	circulation	54	[女] 交通
(ne)	9	よい / おいしい	célibataire	15	独身である	classe	36	[女] クラス
our !	10	おはよう！/ こんにちは！	centre	31	[男] 中心 / センター	clef	29	[女] 鍵
ne nuit !	10	おやすみなさい！	cependant	83	しかしながら	Coca	25	[男] コカコーラ
soir !	10	こんばんは！	céréale	27	[女] シリアル	cogiter	71	考える(くだけた語)
illabaisse	43	[女] ブイヤベース	cerisier en fleurs	55	[男] 花が咲いた桜の木	collège	71	[男] 中学校
rgeois(e)	83	[男(女)] 中産階級の人 / ブルジョワ	certain(e)...	67	いくらかの〜 / ある〜	collégien(ne)	13	[男(女)] 中学生
urgogne	42	[女] ブルゴーニュ地方	C'est bien ça	40	それはいいね	collègue	49	[男・女] 同僚
etagne	42	[女] ブルターニュ	C'est loin	19	遠いです	Colmar	52	コルマール(地名)
it	83	[男] 騒ぎ	cet	40	[男] (指示形容詞 ce)	co-locataire	31	[男・女] ルームメイト
reau	20	[男] 机 / 事務室 / オフィス	cette	37	[女] 指示形容詞（この / その / あの）	combien	9	どのくらい
s	53	[男] バス	ceux...	83	〜の人々 / 〜のもの	combien de...	18	どのくらいの〜
			chacun(e)	83	各々 / それぞれ	comme	27	〜のように
C]———————————			chambre	31	[女] 寝室	comme ça	28	そんな（こんな）風に
	8	それ / これ / あれ	chanson	35	[女] 歌	commencer	72	始める
a va ?	10	元気？	chanter	17	歌う	comment	9	どのように
a va.	10	うん、元気 / 大丈夫です	chanteur (chanteuse)	35	[男(女)] 歌手	compétition	67	[女] 試合 / 競技
adeau	41	[男] プレゼント	chat	31	[男] 猫	comprendre	31	〜を含む / 〜がある
afé	8	[男] コーヒー / カフェ	chaud(e)	27	熱い / 暑い	comprendre	79	理解する
afétéria	18	[女] カフェテリア	chauffeur	73	[男] 運転手	compreniez	79	vous compreniez → comprendre
alifornie	39	[女] カリフォルニア	chef	9	[男・女] リーダー	concert	28	[男] コンサート
alme	31	静かな / 穏やかな	cher (chère)	56	高価な	conduite	83	[女] 行動 / 振る舞い
amembert	65	[男] カマンベール	chercher	31	探す	confiture	27	[女] ジャム
ampagne	40	[女] 田舎	cheval	47	[男] 馬	confortable	35	快適な
ampus	35	[男] キャンパス	chez...	40	〜の家に(で)	connais	36	tu connais → connaître*
Canada	42	[男] カナダ	chien	26	[男] 犬	connaître*	36	知っている
canadien(ne)	14	カナダ人	chimie	51	[女] 化学	consultant(e)	14	[男(女)] コンサルタント
cassoulet	43	[男] カスレ	chinois(e)	14	中国人	content(e)	39	満足な / うれしい
ce	16	[男] 指示形容詞	chocolat	26	[男] チョコレート / ココア	copain (copine)	38	[男(女)] 恋人
			chômeur (chômeuse)	71	[男(女)] 失業者	Corée	42	[女] 韓国
			chose	27	[女] 物 / 事	consulter	32	調べる / 相談する
			choucroute	43	[女] シュークルート	Côte d'Azur	42	[女] コートダジュール
			cigale	59	[女] セミ	coucher	61	寝かす
			cinéma	9	[男] 映画館	coureur (coureuse)	67	[男(女)] 走者 / 選手
						courir	86	走る
						cours	36	[男] 授業
						courses	58	[女・複] 買い物

見出し語	頁	意味
cousin(e)	33	[男(女)] いとこ
coûter	67	(費用が)かかる
crayon	48	[男] 鉛筆
créer	51	創設する
crêpe	43	[女] クレープ
croire	76	～と思う / 信じる
croissant	21	[男] クロワッサン
cuisine	31	[女] 台所
cuisses de grenouilles	47	[女・複] カエルの足のソテー
cycle	36	[男] 周期
cyclisme	67	[男] サイクリング・競輪
cycliste	67	自転車の

[D]————————————

見出し語	頁	意味
d'abord	27	まず
Danemark	42	[男] デンマーク
dans	23	～で / ～の中に
dans le domaine de...	51	～の分野で
de la (de l')	25	[女] 部分冠詞
de temps en temps	64	時々
de...	41	～の
débutant(e)	79	初心者の
décalage horaire	39	[男] 時差
découverte capitale	51	[女] 重要な発見
déjà	40	もう / すでに
déjeuner	18	昼食をとる
délicieux (délicieuse)	35	とてもおいしい
demain	9	明日
demander	39	尋ねる
demi(e)	80	～半 / 半分の
dentiste	13	[男・女] 歯医者
départ	67	[男] スタート
dépenser	64	(金を)使う
dernier (dernière)	48	最後の / 先～

見出し語	頁	意味
derrière...	42	～の後ろに
des	25	[複] 不定冠詞
des	29	de＋les
descendre	50	下がる
désirer	23	～が欲しい
dessert	27	[男] デザート
dessin	9	[男] デッサン
destination	63	[女] 目的地
deux	9	2
devant...	42	～の前に
devenir	51	～になる
devenu(e)	51	devenir の過去分詞
devoir	44	～しなければならない
devoir	68	[男] 宿題
devrais	44	tu devrais → devoir
d'habitude	54	普段は
dialogue	40	[男] 対話
difficile	39	難しい
dimanche	39	[男] 日曜日
dîner	18	夕食をとる
dire*	39	言う
Dis-moi...	52	ねぇ、(教えて)
dit(e)	49	dire*の過去分詞
dois	60	je dois → devoir
donner des cours particuliers	19	家庭教師をする
dont	66	関係代名詞
dormir	75	眠る
douter	78	～と疑う
droit de vote	55	[男] 投票権
du	9	de + le / [男] 部分冠詞
du (de l')	25	[男] 部分冠詞
dur	81	激しく / 一生懸命
durer	55	続く

[E]————————————

見出し語	頁	意味
eau	25	[女] 水
écho	36	[男] 反響
école	52	[女] 学校
économie	65	[女] 経済学
économiser	24	節約する
écouter	28	聞く / 聴く

見出し語	頁	意味
écrire	38	書く / 書く
écris	38	tu écris - ...
effectuer	71	行う / ...
Eh bien	36	そうなの... / では
élève	83	[男・女]
elle	41	[女] 強勢...詞
elle	9	彼女
elles	13	彼女ら / ...
e-mail	39	[男] E メ...
embarrassé(e)	86	恥ずかし...
employé(e)	12	[男(女)] ...
en	32	中性代名...
en face de...	29	～の向か...
en général	24	普段
en plus	76	加えて
en quelle année	23	何年生
en retard	54	遅れて
enchaînement	12	[男] アン...マン
encore	32	まだ / 今...
enfant	27	[男] 子ども...
enseignant(e)	13	[男(女)] 教...
ensuite	27	次に / その...で
entier	51	全体の
entre...et...	42	～と～の間...
entrée	27	[女] 前菜
entreprise	35	[女] 企業
entrer	83	入る
envoie	49	il envoie → envoyer
envoyer	39	～を送る
escargot	21	[男] エスカ...
Espagne	42	[女] スペイ...
espagnol(e)	14	スペイン人
espagnol(e)	48	スペインの
espérer	39	希望する / ...する
essayer	44	試みる / 食...みる
est-ce que	17	疑問副詞
et	12	そして / と...で
étant	81	être*の現在分...
étape	67	[女] 区間
États-Unis	41	[男・複] アメ...

		リカ合衆国	
	40	[男] 夏	
	49	être*の過去分詞	
...ger	67	[男] 外国	
...ger	64	外国の	
...ngère)			
	8	(=be) 〜である	
... de...	40	〜の出身	
... en tête du	67	優勝する	
...sement			
...* situé	31	〜にある	
...de	83	[女] 自習室	
...diant(e)	8	[男(女)] 学生	
...diant(e) en	39	[男(女)] 交換留学生	
...ange			
...dier	23	勉強する	
...e)	49	avoir*の過去分詞	
...ope	42	[女] ヨーロッパ	
... (elles)	41	強勢形代名詞	
...men	49	[男] 試験	
...cellent(e)	28	素晴らしい	
...mple	56	[男] 例	
...ercice	51	[男] 練習	
...ster	55	存在する	
...osition	50	[女] 展覧会	

] ———————————

...cile	21	易しい / 簡単な	
...culté	23	[女] 学部	
...re*	36	する	
...re* attention à...	64	〜に注意する	
...re* des progrès ...n...	24	〜が上達する	
...re* partie de	55	〜に属する	
...re* un régime	59	ダイエットをする	
...it	21	il fait → faire*	
...it(e)	49	faire*の過去分詞	
...aites comme chez vous. / Fais comme chez toi.	75	くつろいでください	
...alloir	76	→ il faut	
...amille	40	[女] 家族	
...atigué(e)	56	疲れている	

féminin(e)	51	女性の / 女性らしい	
fenêtre	73	[女] 窓	
fête	8	[女] 祝日	
fille	52	[女] 娘	
film	34	[男] 映画	
fils	49	[男] 息子(達)	
finir	51	終える	
foie gras	43	[男] フォアグラ	
football	21	[男] サッカー	
forger	83	鍛える	
forgeron	83	[男] 鍛冶屋	
français	8	[男] フランス語	
français(e)	8	フランス人	
français(e)	48	フランスの	
France	9	[女] フランス	
frère	33	[男] 兄 / 弟	
frères et sœurs	26	[男・複] 兄弟姉妹	
frites	25	[女・複] フライドポテト	
fromage	25	[男] チーズ	
fruit	30	[男] 果物	

[G] ———————————

galette	43	[女] ガレット	
gamberger	71	考える(くだけた語)	
garçon	8	[男] 少年	
gare	29	[女] (鉄道の)駅	
gâteau	41	[男] ケーキ	
gentil(le)	24	優しい	
gorge	40	[女] のど	
grammaire	79	[女] 文法	
grand(e)	9	大きい	
grand-mère	38	[女] 祖母	
grands-parents	38	[男・複] 祖父母	
gratuit(e)	79	無料の	
Grenoble	66	グルノーブル(地名)	
grève	83	[女] ストライキ	
guitare	58	[女] ギター	
gymnase	40	[男] 体育館	

[H] ———————————

habillé(e) en	83	〜の服を着た	
habiter*	9	住む	
harpe	56	[女] ハープ	
héroïne	60	[女] ヒロイン	
héros	56	[男] 英雄	
heure	23	[女] 時間 / ...時	
heureusement	39	幸運にも	
heureux (heureuse)	9	幸せな	
hier	28	昨日	
hiver	25	[男] 冬	
hôpital	8	[男] 病院	
hors-d'œuvre	56	[男] 前菜 / オードブル	
hôtel	9	[男] ホテル	

[I] ———————————

ici	19	ここ	
idée	72	[女] アイディア	
il	13	彼	
Il est comment ?	32	（それ、）どう？	
Il faut...	39	〜しなければならない	
il vaut mieux...	79	〜したほうが良い	
il y a	31	〜がある	
ils	13	彼ら / それら	
important(e)	63	大切な / 大きい	
imposer	51	認めさせる	
ingénieur	15	[男・女] エンジニア	
intelligent(e)	70	頭のいい	
intéressant(e)	34	面白い	
intermédiaire	79	中級の	
internet	32	[男]インターネット	
inventer	55	発明する	
Israël	42	[男] イスラエル	
Italie	42	[女] イタリア	
italien(ne)	13	イタリア人	

[J] ———————————

jamais	27	決して〜ない	
Japon	9	[男] 日本	
japonais	24	[男] 日本語	
japonais(e)	13	日本人	
japonais(e)	52	日本の	

見出し語	ページ	意味
jazz	17	[男] ジャズ
je	9	私
Jérusalem	42	エルサレム
jeune	34	若い
jogging	59	[男] ジョギング
joli(e)	34	きれいな
jour	23	[男] 日 / 曜日
journal (journaux)	67	[男] 新聞
journée	63	[女] 1日
joyeux (joyeuse)	34	陽気な / めでたい
juillet	58	[男] 7月

[K] ————————————

Kaboul	43	カブール

[L] ————————————

la (l')	37	[女] 直接目的語代名詞
la (l')	29	[女] 定冠詞
la Marseillaise	21	ラ・マルセイエーズ（フランスの国歌）
lait	26	[男] 牛乳
langue	65	[女]言語
lapin	47	[男] ウサギ
le (l')	37	[男] 直接目的語代名詞
le (l')	29	[男] 定冠詞
lecture	31	[女] 読書
léger (légère)	34	軽い
légume	27	[男] 野菜
lent(e)	32	遅い
les	29	[複] 定冠詞
les	37	[男] 直接目的語代名詞
lessive	78	[女] 洗濯
lettre	39	[女] 手紙
leur	38	間接目的語代名詞
leur(s)	33	[単(複)]所有形容詞 彼ら（彼女ら）の / それらの
liaison	12	[女] リエゾン
Liège	67	リエージュ (地名)
lire*	49	読む

livre	17	[男] 本
loin	19	遠い
Londres	42	ロンドン
longtemps	63	長い間
lu(e)	49	lire*の過去分詞
lui	38	間接目的語代名詞
lui	41	強勢形代名詞
lundi	48	[男] 月曜日
lune	29	[女] 月
lycée	36	[男] 高校
lycéen(ne)	15	[男(女)] 高校生

[M] ————————————

M.	41	[男] (Monsieur) ～氏 / ～さん
ma	8	[女] 所有形容詞 私の あの...（女性への呼びかけ）
Madame !	10	
magasin	31	[男] 店
magnifique	55	すばらしい
maillot jaune	67	[男] 黄色のTシャツ
maintenant	52	今
mairie	29	[女] 市役所
mais	27	しかし / でも
maison	18	[女] 家
maître d'études	83	[男] 自習室の監視員
majeur(e)	71	大きい / 重大な
malade	81	病気の
mandat présidentiel	55	[男] 大統領の任期
manger	17	食べる
manquer à...	39	～にとって恋しい
manteau(x)	45	[男・(複)] コート
marcher	32	動く / 歩く
marié(e)	13	結婚している / 既婚の
Marseille	43	マルセイユ

masculin(e)	51	男性の / 性的な
maths	34	[女・複]
matière	65	[女] 科目
matin	25	[男] 朝
mauvais(e)	34	悪い
me (m')	37	直接目的語代名詞
me (m')	38	間接目的語代名詞
médecin	44	[男・女]
médecine	31	[女] 医学
Melbourne	42	メルボルン
mémoire	76	[男] 卒業...
ménage	49	[男] 掃除...事
menu	16	[男] コース料理
mer	46	[女] 海
merci	16	ありがと...
mère	8	[女] お母...
méritoire	83	値する / ...わしい
mes	21	[複]所有形... 私の
métro	31	[男] 地下鉄
mexicain(e)	35	メキシコ...
midi	27	[男] 正午
mignon(ne)	35	かわいらし...
Mlle	41	[女] (Mademois...) ～さん（未...性）
Mme	41	[女] (Mada...) ～さん（既...性）
moi	9	強勢形代名詞
moins de...que...	69	名詞の比較
moins...que...	69	形容詞・副...較級
moment	63	[男] 時間 / 時期
mon	8	[男] 所有形... 私の
monde	51	[男] 世界
Monsieur !	10	あの...（男性...呼びかけ）
monter	50	上がる
Mont-Saint-Michel	9	[男] モン・...ン=ミシェル

r	33	[女] バイク
r	50	死ぬ
e	29	[男] 美術館
cien(ne)	28	[男(女)] 音楽家 / 演奏家
que	19	[女] 音楽
que classique	28	[女] クラシック音楽

———————————————

e	50	生まれる
tes	66	ナント(地名)
o	21	[男] 納豆
que...	52	～しか～ない
. jamais...	14	否定形　決して～ない
. pas...	14	否定形　～ない
. plus...	14	否定形　もう / これ以上～ない
.. rien...	14	否定形　何ひとつ～ない
e)	66	naître の過去分詞
...pas du tout	49	全然～でない
uf (neuve)	32	新しい
ce	55	ニース(地名)
eau	79	[男] レベル
ël	8	[男] クリスマス
mbreux (ombreuse)	79	多くの
n	12	いいえ
rd	42	[男] 北部
os	33	[複]所有形容詞（私達の）
otre	33	[単]所有形容詞（私達の）
ous	12	私達
ous	37	直接目的語代名詞
ous	38	間接目的語代名詞
ous	41	強勢形代名詞
ouvelle	81	[女] ニュース
uit	63	[女] 夜

O] ———————————————

obtenir	44	得る / 獲得

		する
obtenu(e)	51	obtenir の過去分詞
œuf	26	[男] 卵
Oh là là	60	おやおや
omelette	49	[女] オムレツ
on	49	人は / 私たちは(=nous)
onigiri	25	[男] おにぎり
orange	25	[女] オレンジ
ordinateur	32	[男] パソコン
ordonné(e)	31	きれい好きな
original(e)	44	元の / 独創的な
oser	36	思い切って～する
ou	48	あるいは
où	8	どこ
oublier	39	～を忘れる
oui	17	はい
ouvrir	73	開ける

[P] ———————————————

pain	21	[男] パン
paisible	63	のんびりとした
paparazzi	36	[男・複] パパラッチ
par	9	～で / ～によって / ～を通って
par exemple	67	例えば
parc	63	[男] 公園
parce que	35	なぜなら
Pardon ?	10	すみません？（もう一度言ってください）
parents	21	[男・複] 両親
parfois	27	ときには
parler	19	話す
partir	50	出発する
pas mal	68	悪くない
passer	63	過ごす
passer le permis	73	免許を取る
pâtes	35	[女・複] めん類 / パスタ類
patron (patronne)	83	[男(女)] ボス / 社長

pays	23	[男] 国
pendant...	39	～の間
penser	76	思う / 考える
père	8	[男] お父さん
personne	66	[女] 人
petit déjeuner	27	[男] 朝食
petit(e)	28	小さい
peut-être	68	たぶん
peux	24	je peux → pouvoir*
Philippines	42	[女・複] フィリピン群島
photo	36	[女] 写真
physique	51	[女] 物理
piano	53	[男] ピアノ
piscine	46	[女] プール
pizza	43	[女] ピザ
plage	63	[女] 浜辺
plat principal	27	[男] 主菜
plein(e)	9	いっぱいの
plongée	73	[女]ダイビング
plus de...que...	69	名詞の比較級
plus...que...	54	形容詞・副詞の比較級
plutôt	32	むしろ / どちらかといえば
poisson	25	[男] 魚
poisson rouge	48	[男] 金魚
Pologne	51	[女] ポーランド
pomme	25	[女] りんご
populaire	63	人気のある
porter	67	着る
Portugal	42	[男] ポルトガル
poser	39	(poser une question) 質問する
pour...	24	～のために
pourquoi	18	なぜ
pourras	72	tu pourras → pouvoir*
pourriez	73	vous pourriez → pouvoir*
pouvoir*	28	～できる / ～してもよい
pratique	31	便利な / 使いやすい
pratiquer	72	練習する
préférer*	21	～の方を好む
première classe	73	[女] ファース

見出し語	ページ	意味
トクラス		
prendre*	41	とる
prendre* soin de…	75	～の世話をする
préparer	49	準備する
près de…	42	～の近くに
presque	39	ほとんど
prêter	39	貸す
printemps	65	[男]春
pris(e)	36	prendre*の過去分詞
prix Nobel	51	[男]ノーベル賞
probablement	56	おそらく
prochain(e)	59	次の
produit	64	[男]製品
prof	34	[男・女](professeur)先生
programme	59	[男]予定
promener	61	散歩させる
prononciation	79	[女]発音
proposer	86	提案する
Provence	42	[女]旧プロバンス地方/南仏
Proviseur	83	[男]校長
puis	27	次に/それから
pupitre	83	[男]机

[Q]————————————

見出し語	ページ	意味
quand	18	いつ
quartier	31	[男]地区/界隈
que	21	疑問代名詞 何
que	65	関係代名詞
quel(le)	22	疑問形容詞 どれ/どの/何～
quelques…	26	[複]数個の～/数人の～/いくつかの～
question	39	[女]質問
qui	21	疑問代名詞 誰
qui	65	関係代名詞
quiche aux poireaux	43	[女]ポロネギのキッシュ

見出し語	ページ	意味
quoi	21	疑問代名詞 何

[R]————————————

見出し語	ページ	意味
raccourcir	55	短くする
radio	79	[女]ラジオ
radioactivité	51	[女]放射能
rapport	78	[男]レポート
réalisateur (réalisatrice)	67	[男(女)]映画監督
récemment	27	最近
récent(e)	34	最近の
recommander	83	推薦する
regarder	49	見る/眺める
région	23	[女]地域
région de Bordeaux	42	[女]ボルドー地域
région de…	40	[女]～地方
région parisienne	42	[女]パリ地域
regretter	76	後悔する
rendez-vous	29	[男]会う約束
rentrer	39	帰る
répéter	75	繰り返す
résidence universitaire	35	[女]大学寮
résider	71	居住する
restaurant	29	[男]レストラン
restaurant universitaire	49	[男]大学の食堂
rester	23	滞在する
réussir	81	成功する
réviser	56	復習する
révolutionner	51	革新する
riche	73	金持ちの
riz	25	[男]ご飯
rock	28	[男]ロック
Rolls	73	[女]ロールスロイス
roman	41	[男]小説
royal(e)	48	王族の
rugby	53	[男]ラグビー

[S]————————————

見出し語	ページ	意味
sa	33	[女]所有形容詞 彼（彼女）の/その
sac	21	[男]かばん
sachant	81	savoir*の現在分

見出し語	ページ	意味
		詞
saison	65	[女]季節
salade	49	[女] サ
salle	28	[女] 会
salle de bains	31	[女] 浴
samedi	48	[男] 土
s'amuser	75	楽しむ
sandwich	25	[男] サンチ
sans que	78	～なしで
s'appeler	31	～という
s'arrêter	66	止まる
satisfait(e)	47	満足した
savoir*	64	知る
scooter	24	[男] 原付
se baigner	61	泳ぐ
se blesser	81	怪我する
se changer les idées	63	リフレッる
se coucher*	60	寝る
se dépêcher	76	急ぐ
se dérouler	67	展開する
se détendre	63	くつろぐ
se faire* bronzer	63	日焼けす
se faire* des amis	81	友達にな
se lever	59	起きる
se marier avec…	41	～と結婚
se promener*	61	散歩する
se rasseoir	83	また座る
se reposer	58	休む/ゆっする
se réveiller	54	目を覚ます
se souvenir	47	思いだす/えている
se terminer	67	終わる
se tourner	83	向く
se trouver	67	～にある
secrétaire	15	[男・女] 秘
Seine	20	[女] セーヌ
séjour	31	[男] 居間/ビングルー
semaine	67	[女] 週
Séoul	42	ソウル
sept	9	7
sérieusement	76	真剣に
ses	33	[複]所有形容詞 彼（彼女）の/その
seulement…	48	～だけ/た

仏語	頁	和訳
		だ〜
...e	69	厳しい
...ping	49	[男] ショッピング
	32	否定の問に対する肯定の答え
	24	もし〜なら
...e	83	[男] 合図
...uiéter	76	心配する
	40	[男] スキー
...e	51	簡素な
...été	52	[女]会社
...ologie	34	[女] 社会学
...r	9	[女] 姉 / 妹
	21	[男] 夕方
	33	[男]所有形容詞 彼（彼女）の / その
...ner	86	鳴る
...i(e)	49	sortir*の過去分詞
...tir*	28	外出する
...haiter	78	〜と願う
...pe	35	[女] スープ
...pe de miso	26	[女] 味噌汁
...us...	42	〜の下に
...uvent	27	しばしば / よく
...aghettis	27	[男・複] スパゲッティ
...écialité	43	[女] 名物
...ort	31	[男] スポーツ
...ation	31	[女] (地下鉄やバスの)駅
...rict(e)	76	厳しい
...yle	51	[男] スタイル
...cré(e)	27	甘い
...ud-ouest	43	[男] 南西
...uivi	83	suivre の過去分詞
...uivre	83	後について行く
...uper	48	すごい
upermarché	29	[男] スーパーマーケット
...sur...	9	〜の上に
...urpris(e)	83	びっくりした
sympa	31	=sympathique

仏語	頁	和訳
sympathique	40	感じのいい / 心地よい

[T] —————————————

仏語	頁	和訳
ta	33	[女]所有形容詞 あなたの
table	16	[女] テーブル
Tahiti	73	タヒチ
tard	48	遅く
taxi	54	[男] タクシー
te (t')	37	直接目的語代名詞
te (t')	38	間接目的語代名詞
télé	49	[女] (=télévision)
téléphone portable	32	[男]携帯電話
téléphoner	37	電話する
télévision	45	[女] テレビ
temps	23	[男] 時間 / 天気
tennis	21	[男] テニス
tes	33	[複]所有形容詞 あなたの
Thaïlande	8	[女] タイ
thé	8	[男] お茶
thé anglais	26	[男] 紅茶
thé chinois	26	[男] 中国茶
thé japonais	26	[男] 日本茶
toi	12	強勢形代名詞
toilettes	42	[女・複] トイレ
ton	33	[男]所有形容詞 あなたの
tôt	60	早く
toujours	52	いつも
tous les jours	49	毎日
tout	32	全く / 非常に
tout près	35	すぐ近く
tout(e)	52	全部
tout(e) seul(e)	35	ひとりで
traditionnellement	27	伝統的に
train	56	[男] 電車
travailler	17	働く
tréma	8	[男] トレマ
très	8	とても / 非常に
triste	34	悲しい
trop	28	あまりに〜 /

仏語	頁	和訳
		〜すぎる
trop de (d')...	26	多すぎる〜
trouver	68	思う / 見つける
tu	9	あなた / きみ

[U] —————————————

仏語	頁	和訳
un	9	[男] 不定冠詞
un jour	44	いつか
un peu	28	少し
un peu de (d')..	26	少しの〜
une	25	[女] 不定冠詞
université	23	[女] 大学
utile	70	役に立つ
utiliser	9	〜を使う

[V] —————————————

仏語	頁	和訳
vacances	30	[女・複] 休暇
vécu(e)	52	vivre の過去分詞
vélo	33	[男] 自転車
vend	64	il vend → vendre
vendeur (vendeuse)	14	[男(女)] 店員
vendre	64	売る
venir*	21	来る
venu(e)	48	venir*の過去分詞
vers	60	〜頃に
veux	24	tu veux → vouloir*
viande	25	[女] 肉
vidéo	48	[女] ビデオ
vie	30	[女] 人生
vient	21	il vient → venir*
vieux (vieil, vieille)	32	古い
ville	65	[女]町
vin	25	[男] ワイン
violon	53	[男] バイオリン
vite	68	速く
vivre	52	暮らす
vocabulaire	79	[男] 語彙
voici	83	こちらが〜です
voir*	21	見る / 会う
vois	21	tu vois → voir*
voisin(e)	31	[男(女)] 隣人
voiture	9	[女] 車
vos	33	[複]所有形容詞 あなたの / あなた達の
votre	33	[単]所有形容

動詞の活用表　Conjugaisons

不定形　Infinitif *現在分詞 / 過去分詞*	直　説　法　Indicatif			
	現在 Présent	半過去 Imparfait	複合過去 Passé composé	単純未来 Futur simple
1. être である（英語の be） *étant / été*	je **suis** tu **es** il **est** nous **sommes** vous **êtes** ils **sont**	j'**étais** tu **étais** il **était** nous **étions** vous **étiez** ils **étaient**	j'ai **été** tu as **été** il a **été** nous avons **été** vous avez **été** ils ont **été**	je **serai** tu **seras** il **sera** nous **serons** vous **serez** ils **seront**
2. avoir 持つ（英語の have） *ayant / eu [y]*	j'**ai** tu **as** il **a** nous **avons** vous **avez** ils **ont**	j'**avais** tu **avais** il **avait** nous **avions** vous **aviez** ils **avaient**	j'ai **eu** tu as **eu** il a **eu** nous avons **eu** vous avez **eu** ils ont **eu**	j'**aurai** tu **auras** il **aura** nous **aurons** vous **aurez** ils **auront**
3. habiter 住む *habitant / habité*	j'**habite** tu habit**es** il habit**e** nous habit**ons** vous habit**ez** ils habit**ent**	j'habit**ais** tu habit**ais** il habit**ait** nous habit**ions** vous habit**iez** ils habit**aient**	j'ai habit**é** tu as habit**é** il a habit**é** nous avons habit**é** vous avez habit**é** ils ont habit**é**	j'habit**erai** tu habit**eras** il habit**era** nous habit**erons** vous habit**erez** ils habit**eront**
4. aller 行く *allant / allé*	je **vais** tu **vas** il **va** nous **allons** vous **allez** ils **vont**	j'**allais** tu **allais** il **allait** nous **allions** vous **alliez** ils **allaient**	je suis **allé(e)** tu es **allé(e)** il est **allé** nous sommes **allé(e)s** vous êtes **allé(e)(s)** ils sont **allés**	j'**irai** tu **iras** il **ira** nous **irons** vous **irez** ils **iront**
5. venir 来る *venant / venu*	je **viens** tu **viens** il **vient** nous **venons** vous **venez** ils **viennent**	je **venais** tu **venais** il **venait** nous **venions** vous **veniez** ils **venaient**	je suis **venu(e)** tu es **venu(e)** il est **venu** nous sommes **venu(e)s** vous êtes **venu(e)(s)** ils sont **venus**	je **viendrai** tu **viendras** il **viendra** nous **viendrons** vous **viendrez** ils **viendront**
6. prendre とる（英語の take） *prenant / pris*	je **prends** tu **prends** il **prend** nous pr**enons** vous pr**enez** ils pr**ennent**	je pr**enais** tu pr**enais** il pr**enait** nous pr**enions** vous pr**eniez** ils pr**enaient**	j'ai **pris** tu as **pris** il a **pris** nous avons **pris** vous avez **pris** ils ont **pris**	je **prendrai** tu **prendras** il **prendra** nous **prendrons** vous **prendrez** ils **prendront**
7. faire する・作る *faisant / fait*	je **fais** tu **fais** il **fait** nous **faisons** vous **faites** ils **font**	je **faisais** tu **faisais** il **faisait** nous **faisions** vous **faisiez** ils **faisaient**	j'ai **fait** tu as **fait** il a **fait** nous avons **fait** vous avez **fait** ils ont **fait**	je **ferai** tu **feras** il **fera** nous **ferons** vous **ferez** ils **feront**
8. se coucher 寝る *couchant / couché*	je me **couche** tu te **couches** il se **couche** nous nous **couchons** vous vous **couchez** ils se **couchent**	je me couch**ais** tu te couch**ais** il se couch**ait** nous nous couch**ions** vous vous couch**iez** ils se couch**aient**	je me suis **couché(e)** tu t'es **couché(e)** il s'est **couché** nous nous sommes **couché(e)s** vous vous êtes **couché(e)(s)** ils se sont **couchés**	je me **coucherai** tu te **coucheras** il se **couchera** nous nous **coucherons** vous vous **coucherez** ils se **coucheront**
9. connaître 知っている・わかる *connaissant / connu*	je conn**ais** tu conn**ais** il conn**aît** nous conn**aissons** vous conn**aissez** ils conn**aissent**	je conn**aissais** tu conn**aissais** il conn**aissait** nous conn**aissions** vous conn**aissiez** ils conn**aissaient**	j'ai conn**u** tu as conn**u** il a conn**u** nous avons conn**u** vous avez conn**u** ils ont conn**u**	je conn**aîtrai** tu conn**aîtras** il conn**aîtra** nous conn**aîtrons** vous conn**aîtrez** ils conn**aîtront**
10. savoir 知っている・わかる *sachant / su*	je s**ais** tu s**ais** il s**ait** nous s**avons** vous s**avez** ils s**avent**	je s**avais** tu s**avais** il s**avait** nous s**avions** vous s**aviez** ils s**avaient**	j'ai **su** tu as **su** il a **su** nous avons **su** vous avez **su** ils ont **su**	je s**aurai** tu s**auras** il s**aura** nous s**aurons** vous s**aurez** ils s**auront**

...法 Indicatif 単純過去 ...assé simple	条件法 Conditionnel 現在 Présent	接続法 Subjonctif 現在 Présent	命令法　Impératif	同形の動詞と注意点 Verbes similaires et notes
...mes ...tes ...nt	jc scrais tu serais il serait nous serions vous seriez ils seraient	que je sois que tu sois qu'il soit que nous soyons que vous soyez qu'ils soient	sois soyons soyez	
...ûmes ...ûtes ...ent	j'aurais tu aurais il aurait nous aurions vous auriez ils auraient	que j'aie que tu aies qu'il ait que nous ayons que vous ayez qu'ils aient	aie ayons ayez	
...i ...tas ...a ...habitâmes ...abitâtes ...itèrent	j'habiterais tu habiterais il habiterait nous habiterions vous habiteriez ils habiteraient	que j'habite que tu habites qu'il habite que nous habitions que vous habitiez qu'ils habitent	habite habitons habitez	規則動詞 verbe régulier
...s ...allâmes ...allâtes ...èrent	j'irais tu irais il irait nous irions vous iriez ils iraient	que j'aille que tu ailles qu'il aille que nous allions que vous alliez qu'ils aillent	va allons allez	
...s ...s ...vînmes ...vîntes ...rent	je viendrais tu viendrais il viendrait nous viendrions vous viendriez ils viendraient	que je vienne que tu viennes qu'il vienne que nous venions que vous veniez qu'ils viennent	viens venons venez	
...s ...s ...prîmes ...prîtes ...irent	je prendrais tu prendrais il prendrait nous prendrions vous prendriez ils prendraient	que je prenne que tu prennes qu'il prenne que nous prenions que vous preniez qu'ils prennent	prends prenons prenez	同形の動詞 verbes similaires: apprendre comprendre
... ...fîmes ...fîtes ...rent	je ferais tu ferais il ferait nous ferions vous feriez ils feraient	que je fasse que tu fasses qu'il fasse que nous fassions que vous fassiez qu'ils fassent	fais faisons faites	
...e couchai ...couchas ...coucha ...s nous couchâmes ...s vous couchâtes ...e couchèrent	je me coucherais tu te coucherais il se coucherait nous nous coucherions vous vous coucheriez ils se coucheraient	que je me couche que tu te couches qu'il se couche que nous nous couchions que vous vous couchiez qu'ils se couchent	couche-toi couchons-nous couchez-vous	規則代名動詞 verbe pronominal régulier
...onnus ...onnus ...nnut ...s connûmes ...s connûtes ...connurent	je connaîtrais tu connaîtrais il connaîtrait nous connaîtrions vous connaîtriez ils connaîtraient	que je connaisse que tu connaisses qu'il connaisse que nous connaissions que vous connaissiez qu'ils connaissent	connais connaissons connaissez	→使い分け参照（P. 26 ） Voir L'utilisation de « connaître » et « savoir », p 26
...us ...us ...ut ...s sûmes ...s sûtes ...surent	je saurais tu saurais il saurait nous saurions vous sauriez ils sauraient	que je sache que tu saches qu'il sache que nous sachions que vous sachiez qu'ils sachent	sache sachons sachez	

不定形　Infinitif *現在分詞 / 過去分詞*	直　説　法　　Indicatif			
	現在 Présent	半過去 Imparfait	複合過去 Passé composé	単純未来 Futur simple
11. vouloir のぞむ *voulant / voulu*	je veux tu veux il veut nous voulons vous voulez ils veulent	je voulais tu voulais il voulait nous voulions vous vouliez ils voulaient	j'ai voulu tu as voulu il a voulu nous avons voulu vous avez voulu ils ont voulu	je voudrai tu voudras il voudra nous voudrons vous voudrez ils voudront
12. pouvoir できる *pouvant / pu*	je peux tu peux il peut nous pouvons vous pouvez ils peuvent	je pouvais tu pouvais il pouvait nous pouvions vous pouviez ils pouvaient	j'ai pu tu as pu il a pu nous avons pu vous avez pu ils ont pu	je pourrai tu pourras il pourra nous pourrons vous pourrez ils pourront
13. boire 飲む *buvant / bu*	je bois tu bois il boit nous buvons vous buvez ils boivent	je buvais tu buvais il buvait nous buvions vous buviez ils buvaient	j'ai bu tu as bu il a bu nous avons bu vous avez bu ils ont bu	je boirai tu boiras il boira nous boirons vous boirez ils boiront
14. voir 見る *voyant / vu*	je vois tu vois il voit nous voyons vous voyez ils voient	je voyais tu voyais il voyait nous voyions vous voyiez ils voyaient	j'ai vu tu as vu il a vu nous avons vu vous avez vu ils ont vu	je verrai tu verras il verra nous verrons vous verrez ils verront
15. lire 読む *lisant / lu*	je lis tu lis il lit nous lisons vous lisez ils lisent	je lisais tu lisais il lisait nous lisions vous lisiez ils lisaient	j'ai lu tu as lu il a lu nous avons lu vous avez lu ils ont lu	je lirai tu liras il lira nous lirons vous lirez ils liront
16. dire 言う *disant / dit*	je dis tu dis il dit nous disons vous dites ils disent	je disais tu disais il disait nous disions vous disiez ils disaient	j'ai dit tu as dit il a dit nous avons dit vous avez dit ils ont dit	je dirai tu diras il dira nous dirons vous direz ils diront
17. sortir 出かける *sortant / sorti*	je sors tu sors il sort nous sortons vous sortez ils sortent	je sortais tu sortais il sortait nous sortions vous sortiez ils sortaient	je suis sorti(e) tu es sorti(e) il est sorti nous sommes sorti(e)s vous êtes sorti(e)(s) ils sont sortis	je sortirai tu sortiras il sortira nous sortirons vous sortirez ils sortiront
18. préférer より好む *préférant / préféré*	je préfère tu préfères il préfère nous préférons vous préférez ils préfèrent	je préférais tu préférais il préférait nous préférions vous préfériez ils préféraient	j'ai préféré tu as préféré il a préféré nous avons préféré vous avez préféré ils ont préféré	je préférerai tu préféreras il préférera nous préférerons vous préférerez ils préféreront
19. acheter 買う *achetant / acheté*	j'achète tu achètes il achète nous achetons vous achetez ils achètent	j'achetais tu achetais il achetait nous achetions vous achetiez ils achetaient	j'ai acheté tu as acheté il a acheté nous avons acheté vous avez acheté ils ont acheté	j'achèterai tu achèteras il achètera nous achèterons vous achèterez ils achèteront
20. se promener 散歩する *promenant / promené*	je me promène tu te promènes il se promène nous nous promenons vous vous promenez ils se promènent	je me promenais tu te promenais il se promenait nous nous promenions vous vous promeniez ils se promenaient	je me suis promené(e) tu t'es promené(e) il s'est promené nous nous sommes promené(e)s vous vous êtes promené(e)(s) ils se sont promenés	je me promènerai tu te promèneras il se promènera nous nous promènerons vous vous promènerez ils se promèneront

法 Indicatif	条件法 Conditionnel	接続法 Subjonctif	命令法	同形の動詞と注意点
単純過去	現在	現在	Impératif	Verbes similaires et notes
assé simple	Présent	Présent		
lus	je voudrais	que je veuille		
lus	tu voudrais	que tu veuilles	veuille	
ut	il voudrait	qu'il veuille		
voulûmes	nous voudrions	que nous voulions	veuillons	
voulûtes	vous voudriez	que vous vouliez	veuillez	
ulurent	ils voudraient	qu'ils veuillent		
s	je pourrais	que je puisse		
s	tu pourrais	que tu puisses		
	il pourrait	qu'il puisse		
pûmes	nous pourrions	que nous puissions		
pûtes	vous pourriez	que vous puissiez		
rent	ils pourraient	qu'ils puissent		
s	je boirais	que je boive		
s	tu boirais	que tu boives	bois	
	il boirait	qu'il boive		
bûmes	nous boirions	que nous buvions	buvons	
bûtes	vous boiriez	que vous buviez	buvez	
urent	ils boiraient	qu'ils boivent		
s	je verrais	que je voie		
s	tu verrais	que tu voies	vois	
	il verrait	qu'il voie		
s vîmes	nous verrions	que nous voyions	voyons	
s vîtes	vous verriez	que vous voyiez	voyez	
rent	ils verraient	qu'ils voient		
s	je lirais	que je lise		
s	tu lirais	que tu lises	lis	
	il lirait	qu'il lise		
s lûmes	nous lirions	que nous lisions	lisons	
s lûtes	vous liriez	que vous lisiez	lisez	
urent	ils liraient	qu'ils lisent		
is	je dirais	que je dise		
is	tu dirais	que tu dises	dis	
t	il dirait	qu'il dise		
s dîmes	nous dirions	que nous disions	disons	
s dîtes	vous diriez	que vous disiez	dites	
dirent	ils diraient	qu'ils disent		
ortis	je sortirais	que je sorte		
sortis	tu sortirais	que tu sortes	sors	
ortit	il sortirait	qu'il sorte		
us sortîmes	nous sortirions	que nous sortions	sortons	
us sortîtes	vous sortiriez	que vous sortiez	sortez	
sortirent	ils sortiraient	qu'ils sortent		
oréférai	je préférerais	que je préfère		
préféras	tu préférerais	que tu préfères	préfère	
référa	il préférerait	qu'il préfère		
us préférâmes	nous préférerions	que nous préférions	préférons	
us préférâtes	vous préféreriez	que vous préfériez	préférez	
préférèrent	ils préféreraient	qu'ils préfèrent		
chetai	j'achèterais	que j'achète		規則動詞だが、現在形の語尾を発音しない場合にはアクサン・グラーブがつく。 Verbe régulier, mais accent grave au présent quand on ne prononce pas la fin.
achetas	tu achèterais	que tu achètes	achète	
acheta	il achèterait	qu'il achète		
us achetâmes	nous achèterions	que nous achetions	achetons	
us achetâtes	vous achèteriez	que vous achetiez	achetez	
achetèrent	ils achèteraient	qu'ils achètent		
me promenai	je me promènerais	que je me promène		
te promenas	tu te promènerais	que tu te promènes	promène-toi	
se promena	il se promènerait	qu'il se promène		
ous nous promenâmes	nous nous promènerions	que nous nous promenions	promenons-nous	
ous vous promenâtes	vous vous promèneriez	que vous vous promeniez		
s se promenèrent	ils se promèneraient	qu'ils se promènent	promenez-vous	

メモ

Moi, je... 文法　付属ブックレット

Moi, je... Grammaire　- Livret

2012 年 3 月 20 日　初版第 1 刷発行
2020 年 4 月 30 日　初版第 4 刷発行

著者	三木賀雄, Bruno Vannieuwenhuyse, Nicole Massoulier
発行所	株式会社アルマ出版　Alma Éditeur
	www.almalang.com
	Tel: 075-203-4606
	Fax: 075-320-1721
	Email: info@almalang.com
デザイン	長野まり子
印刷・製本	China Color Printing（Printed in Taiwan）

乱丁・落丁はお取替え致します。

ISBN　978-4-905343-05-9